Vater unser

Vater unser

Stimmen und Variationen zum Gebet des Herrn

Herausgegeben von
Wolfgang Bader

VERLAG NEUE STADT
MÜNCHEN · ZÜRICH · WIEN

Ein Buch aus der Reihe *Gebete der Christenheit*

Die Deutsche Bibliothek – CIP-Einheitsaufnahme

Vater unser :
Stimmen und Variationen zum Gebet des Herrn /
hrsg. von Wolfgang Bader.
– 1. Aufl. – München ; Zürich ; Wien :
Verl. Neue Stadt, 1999
(Reihe Gebete der Christenheit)
ISBN 3-87996-395-9

1999, 1. Auflage

Umschlagabbildung:
Andreas Felger, Gleichnis vom Schatz im Acker,
Holzschnitt

Umschlaggestaltung und Satz: Neue-Stadt-Graphik
Druck: Freiburger Graphische Betriebe, Freiburg i. Br.
ISBN 3-87996-395-9

Vorwort

Wir erinnern uns wahrscheinlich nicht mehr daran, wie und wann wir das Vaterunser gelernt haben. Als Kinder haben wir es mit anderen mitgebetet, und nach und nach konnten wir es auswendig. Dabei hat es uns nicht belastet, daß wir nicht alle Worte verstanden. Wir haben gespürt: Das ist ein besonderes Gebet. Bei feierlichen oder auch traurigen Anlässen wurde es gesprochen. Auch weil es das Gebet war, das die meisten Menschen mitbeten konnten. Vielleicht sind wir wie selbstverständlich mit den Jahren in die Worte hineingewachsen. Vielleicht können uns die folgenden Seiten neue Anregungen geben.

Würde man nur die Titel und die bibliographischen Angaben all der Bücher aufschreiben, die über das Vaterunser handeln, wäre dieses Buch schon voll. Das Vaterunser ist der biblische Text, der am frühesten und am häufigsten kommentiert wurde. Warum also ein neues Buch über das Vaterunser? Einmal, weil viele Texte, vor allem der Kirchenväter, nicht mehr in einer deutschen Übersetzung erhältlich sind. Dann aber auch, weil jede Auswahl und Zusammenstellung sich an eine bestimmte Gruppe von Lesern richtet und von einem eigenen Leitmotiv geprägt ist. Wir wollen nicht auf – die oft spannenden – Fragen der Bibelwissenschaftler eingehen oder theologische Probleme aufgreifen. Unsere Auswahl richtet sich an Christen, die ihr Vaterunser von Betern aus zwei Jahrtausenden bereichern und anregen lassen wollen.

Das Gebet Jesu besteht aus einfachen Worten: Vater, Himmel, Erde, Name, Wille, Brot, Schuld, Versuchung ... Doch in ihrer Verknüpfung verbergen sie einen unerschöpflichen Reichtum. Einige Entdeckungen von Christen aus dem ersten Jahrtausend sind im ersten Kapitel den einzelnen Bitten zugeordnet. Auch wenn einzelne Formulierungen, Deutungen oder Vergleiche für unser heutiges Empfinden fremd klingen, so werden wir auf Aspekte aufmerksam, über die nachzudenken sich lohnt.

Mehrfach wurde der Versuch unternommen, das Gebet Jesu, das uns in zwei Versionen (bei den Evangelisten Matthäus und Lukas) in griechischer Sprache überliefert ist, in die Muttersprache Jesu zu übersetzen. Ein Unterfangen, das von Beteiligten mit der Restaurierung eines alten Bildes verglichen wurde. Wie das Vaterunser klingt, wenn es von Menschen in ihre Zeit, in ihre Situation übersetzt wird, dafür finden sich Beispiele im zweiten Kapitel: „Variationen". Das Vaterunser als Brückengebet vom Ursprung in das jeweilige Heute.

Das Leitmotiv dieser Textauswahl verbirgt sich in einem kleinen Wörtchen, das im Gebet Jesu zweimal vorkommt, im Wörtchen „wie". Dein Wille geschehe, *wie* im Himmel, so auf Erden. Vergib uns unsere Schuld, *wie* auch wir vergeben unseren Schuldigern. Das Vaterunser schlägt eine Brücke vom Himmel zur Erde und umgekehrt. Wie es im Himmel ist, soll es auf Erden sein; und wie wir unseren Mitmenschen auf Erden vergeben, so wird uns von Gott vergeben werden.

Mit dem Vergeben ist eine weitere Brücke angezeigt, die Brücke zwischen den Worten des Gebets und unserem Alltag. Welch verändernde Kraft hätte das Vaterunser, wenn seine Worte das Leben derer prägten, die es beten! Einladende Anregungen dazu enthält das dritte Kapitel.

Man sagt, das Beten sei so persönlich wie der Fingerabdruck eines Menschen. Das Vaterunser hat eine lange Geschichte, es ist das meistgebetete Gebet der Welt. Seine feste Form, die auf Jesus zurückgeht, stellt uns in den Strom derer, die vor uns und mit uns zu Gott „Vater unser" sagen. Und zugleich gibt das Leben eines jeden von uns diesen Worten einen einmaligen Klang. Dieser soll von den hier wiedergegebenen Stimmen nicht verdeckt, sondern getragen und verstärkt werden. Dann hat ein weiteres Buch über das Vaterunser seinen Sinn.

Wolfgang Bader

Im Evangelium nach Matthäus

Wenn ihr betet, sollt ihr nicht plappern wie die Heiden, die meinen, sie werden nur erhört, wenn sie viele Worte machen. Macht es nicht wie sie; denn euer Vater weiß, was ihr braucht, noch ehe ihr ihn bittet.
So sollt ihr beten:

Unser Vater im Himmel,
dein Name werde geheiligt,
dein Reich komme,
dein Wille geschehe
wie im Himmel, so auf der Erde.
Gib uns heute das Brot, das wir brauchen.
Und erlaß uns unsere Schulden,
wie auch wir sie
  unseren Schuldnern erlassen haben.
Und führe uns nicht in Versuchung,
sondern rette uns vor dem Bösen.

Denn wenn ihr den Menschen ihre Verfehlungen vergebt, dann wird euer himmlischer Vater auch euch vergeben. Wenn ihr aber den Menschen nicht vergebt, dann wird euch euer Vater eure Verfehlungen auch nicht vergeben.

Mt 6,7-13

Im Evangelium nach Lukas

Jesus betete einmal an einem Ort; und als er das Gebet beendet hatte, sagte einer seiner Jünger zu ihm: Herr, lehre uns beten, wie schon Johannes seine Jünger beten gelehrt hat. Da sagte er zu ihnen: Wenn ihr betet, so sprecht:

Vater,
dein Name werde geheiligt.
Dein Reich komme.
Gib uns täglich das Brot, das wir brauchen.
Und erlaß uns unsere Sünden;
denn auch wir erlassen jedem,
  was er uns schuldig ist.
Und führe uns nicht in Versuchung.

Lk 11,1-4

Ökumenische Fassung des Vaterunsers

Vater unser im Himmel,
geheiligt werde dein Name.
Dein Reich komme.
Dein Wille geschehe,
  wie im Himmel, so auf Erden.
Unser tägliches Brot gib uns heute.
Und vergib uns unsere Schuld,
  wie auch wir vergeben unsern Schuldigern.
Und führe uns nicht in Versuchung,
sondern erlöse uns von dem Bösen.

Spätere Textzeugen fügen dem Gebet des Herrn noch einen Lobpreis an, der in Anlehnung an 1 Chr 29,10f gestaltet ist:

Denn dein ist das Reich
und die Kraft
und die Herrlichkeit
in Ewigkeit. Amen.

Ein Gebet – sieben Bitten

Erläuterungen von Christen aus dem 1. Jahrtausend

Vater unser im Himmel

Gott will nicht nur Gott sein, sondern auch Vater.
Origenes

Die Gabe, daß Gott den Menschen zu seinem Kind macht und daß der Mensch Gott „Vater" nennt, ist die größte aller Gaben.
Leo der Große

In gewisser Weise ist „Vater" der treffendste Name Gottes, in besonderer Weise sein Eigenname.
Cyrill von Alexandrien

Der Ausdruck „Gott Vater" war nie jemandem geoffenbart worden. Als Mose Gott fragte, wie er heiße, bekam er einen anderen Namen zu hören. Uns ist der Name „Vater" geoffenbart worden im Sohn, denn im Namen „Sohn" liegt bereits der neue Name „Vater".
Tertullian

Christus ist einer von uns geworden, deshalb sind wir seine Brüder. Daher fordert er uns auf, Gott in unseren Gebeten als Vater anzurufen. *Cyrill von Alexandrien*

Du kannst Gott voll Vertrauen „Vater" nennen, wenn du weißt, mit welcher Liebe er dich ins Dasein gerufen hat. ...
Gott ist auch auf der Erde. Du aber sollst dich (in diesem Wort) als Kind des Himmels erkennen. Und wenn du bekennst, Kind Gottes zu sein, dann lebe auch so! Entsprich in deinem Tun, in tugendhaftem Eifer deinem erhabenen Vater! *Petrus Chrysologus*

Keiner kann zu Gott „Vater" sagen, wenn er nicht erfüllt ist vom „Geist, der zu Söhnen macht" (Röm 8,15). Ein Sohn ehrt den Vater, wenn er ihn nicht nur „Vater" nennt, sondern auch das Gebot hält: „Liebt eure Feinde und betet für die, die euch verfolgen, damit ihr Söhne eures Vaters im Himmel werdet; denn er läßt seine Sonne aufgehen über Bösen und Guten; und er läßt regnen über Gerechte und Ungerechte" (Mt 5,44f). *Origenes*

Ihr könnt euren Vater nicht den Gott alles Guten nennen, wenn ihr ein unmenschliches und grausames Herz behaltet. Denn in diesem Fall habt ihr nicht mehr das Kennzeichen der Güte des himmlischen Vaters in euch.

Johannes Chrysostomus

Wenn wir Gott unseren Vater nennen, dann müssen wir auch als Gottes Kinder leben. Wie es uns gefällt, Gott zum Vater zu haben, so soll auch Gott an uns Gefallen haben.

Cyprian

Wir sollen unablässig die Schönheit des Vaters betrachten und unsere Seele von ihr durchdringen lassen. *Gregor von Nyssa*

Mit väterlichen Augen schaut Gott auf dich herab, er bekleidet dich mit dem göttlichen Gewand, er wird deine Füße mit den Schuhen der frohen Botschaft ausrüsten zur Wanderung nach oben, und er wird dich wieder ins himmlische Vaterland zurückführen.

Gregor von Nyssa

Der Lehrer des Friedens und der Erzieher zur Einheit wollte nicht, daß wir unser Gebet einzeln, für uns allein verrichten. Wir sagen nicht „Mein Vater, der du bist im Himmel", auch nicht „Mein Brot gib mir heute", und ebensowenig fleht der einzelne nur für sich um Vergebung seiner Schuld oder bittet für sich allein, nur er möge nicht in Versuchung geführt, nur er möge von dem Übel erlöst werden. Unser Gebet gilt allen. Wenn wir so beten, beten wir für das ganze Volk, weil wir alle eins sind. Gott, der die Einheit gelehrt hat, wollte, daß einer für alle bete, wie er selbst alle in einem getragen hat. *Cyprian*

Wir sprechen gemeinsam: Vater unser. Welche Würde! So spricht der Kaiser, so spricht der Bettler; so spricht der Sklave, so spricht sein Herr. Gemeinsam sprechen sie: Vater unser, der du bist im Himmel. Sie erkennen also, daß sie Brüder sind, da sie einen Vater haben. Es soll daher ein Herr nicht unwillig sein, daß er seinen Sklaven zum Bruder hat, da der Herr Christus ihn zum Bruder haben wollte. *Augustinus*

Jesus lehrt uns, gemeinsam für unsere Mitmenschen zu beten. Er sagt nämlich nicht: „Mein Vater, der du bist im Himmel!", sondern: „Unser Vater". Damit will er, daß unser Gebet wie aus einer Seele für den ganzen Leib der Kirche eintrete. So lehrt uns der Herr, nie den eigenen Vorteil im Auge zu haben, sondern immer und überall den des Nächsten. Dadurch werden Feindschaften unmöglich, der Stolz wird unterdrückt, der Neid verbannt, und der Quelle alles Guten, der Liebe, wird der Zugang eröffnet. Christus beseitigt die Ungleichheit unter den Menschen und zeigt, daß der König nicht über dem Bettler steht, da wir in den höchsten und wichtigsten Dingen gleich sind. ... Allen hat Gott den gleichen Geburtsadel verliehen, da er der gemeinsame Vater aller Menschen genannt werden will. *Johannes Chrysostomus*

Die Worte „Vater unser im Himmel" werden richtig vom Herzen des Gerechten verstanden, in dem Gott wie in seinem Tempel wohnt. Darum wird auch der Beter wünschen und sich danach sehnen, daß der, den er anruft, in ihm wohnt. *Augustinus*

„Himmel" könnten sehr wohl auch die sein, welche das Bild der himmlischen Welt in sich tragen, in denen Gott wohnt und wandelt.

Cyrill von Jerusalem

Geheiligt werde dein Name

Gottes Name ist heilig von Natur aus, ob wir das aussprechen oder nicht. ... Wir bitten, daß der Name Gottes *in uns* geheiligt werde, indem wir selbst geheiligt werden und heilig leben. *Cyrill von Jerusalem*

Wir bitten aber nicht ausdrücklich: „Geheiligt werde dein Name in uns", denn wir bitten, daß er in allen Menschen geheiligt werde.

Tertullian

Wenn wir sprechen: „Geheiligt werde dein Name", so wecken wir in uns den Wunsch, daß Gottes immer heiliger Name auch von den Menschen heilig gehalten werde, daß er nicht verunehrt werde. Dies gereicht nicht Gott, sondern uns zum Nutzen. *Augustinus*

Die Heiligung seines Namens besteht darin, daß wir selbst heilig werden. Sein Name ist ja immer heilig. *Augustinus*

„Geheiligt" bedeutet „Es werde verherrlicht". Christus wollte damit sagen: Bitte, daß wir so rein leben, daß unseretwegen alle Menschen den Vater verherrlichen. Auch das ist Frucht vollkommener Lebensweisheit, allen gegenüber ein so tadelloses Leben zu führen, daß ein jeder, der es sieht, Gott dafür lobt und preist. *Johannes Chrysostomus*

Wir bitten, daß der Name Gottes *durch unser Leben* in uns geheiligt werde. Handeln wir gut, so wird der Name Gottes gepriesen; handeln wir schlecht, so wird er verunehrt gemäß dem Wort des Apostels: „Unter den Heiden wird der Name Gottes gelästert" (Röm 2,24; Ez 36,20). Wir bitten deshalb darum, daß in uns ebensoviel Heiligkeit sei, wie der Name unseres Gottes heilig ist. *Petrus Chrysologus*

Wer betet: „Geheiligt werde dein Name", spricht zu Gott etwa in diesem Sinn: Hilf mir mit deiner Gnade, daß ich untadelig, gerecht, gottesfürchtig werde, ein Mensch, der sich jeder schlechten Tat enthält, der die Wahrheit redet, Gerechtigkeit übt, in Ehrlichkeit wandelt, durch Keuschheit leuchtet, mit Weisheit und Mäßigung sich schmückt, nach dem trachtet, was oben ist, das Irdische geringachtet, ein engelgleiches Leben führt.
Gott kann durch uns nur verherrlicht werden, wenn unsere Tugend auf seine Allmacht als die Ursache und Quelle alles Guten verweist.

Gregor von Nyssa

Vater, hilf, daß wir die Größe deiner Heiligkeit einsehen und erfassen. Auf jeden Fall bitten wir dich darum, daß unser Leben dich als den Heiligen offenbare. Das wird dann geschehen, wenn die Menschen unsere guten Werke sehen und unseren Vater im Himmel preisen.

Johannes Cassian

Wir sollen uns in unserem Leben bemühen, die Eigenschaften des Vaters aufleuchten zu lassen, indem wir seinen Namen auf Erden heiligen, ihn als Vater nachahmen, uns in unseren Taten als seine Kinder erweisen und in allem, was wir denken oder tun, den Sohn des Vaters preisen, dem wir diese Annahme an Kindes Statt verdanken.

Maximus der Bekenner

Die Engel, die Gott umgeben, rufen ohne Unterlaß: Heilig, heilig, heilig! Lernen wir schon hier auf Erden den Lobgesang der Engel und unseren Engeldienst in der zukünftigen Herrlichkeit!

Tertullian

Dein Reich komme

Die Worte des Gebets reden von einem Vater, von einem Namen des Vaters und von einem Reich des Vaters, damit wir zu Beginn des Gebets angeleitet werden, die eine Dreifaltigkeit zu verehren, anzurufen und anzubeten. Der Name Gottes des Vaters ist der eingeborene Sohn. Das Reich Gottes des Vaters ist der Heilige Geist. *Maximus der Bekenner*

Wenn dein Reich anbricht, fliehen Trauer und Jammer; dafür kommen Leben, Friede und Freude. *Gregor von Nyssa*

Wir sprechen: „Zu uns komme dein Reich“. Dieses Reich wird in jedem Fall kommen, ob wir wollen oder nicht. Durch diese Bitte aber erwecken wir unsere Sehnsucht nach diesem Reich, damit es *zu uns* komme und damit wir es verdienen, in diesem Reich mitzuherrschen. *Augustinus*

Die wahre Kirche diesseits ist ein Abbild des Reiches jenseits. Gleichwie im Himmelreich Eintracht herrscht, so soll auch in der Kirche Einigkeit sein. *Ephräm der Syrer*

Jesus selbst sagt: „Das Reich Gottes ist mitten unter euch" (Lk 17,21). Es ist schon da: im Glauben, in Hoffnung, in Erwartung. Wir bitten darum, daß es auch in voller Wirklichkeit komme. Für uns selbst möge es kommen. Nicht für Christus, der von Ewigkeit her mit dem Vater herrscht. Er möge uns seine Herrschaft zukommen lassen. „Kommt her, die ihr von meinem Vater gesegnet seid, nehmt das Reich in Besitz, das seit der Erschaffung der Welt für euch bestimmt ist" (Mt 25,34).
Wenn wir beten: „Dein Reich komme", dann meinen wir, daß Gottes Reich in uns herrschen soll und daß die Macht des Teufels und der Sünde ein Ende findet. Denn es heißt: „Die Sünde soll euren sterblichen Leib nicht mehr beherrschen" (Röm 6,12).

Petrus Chrysologus

Christus selbst kann das Reich Gottes sein. Um sein Kommen bitten wir jeden Tag, seine baldige Ankunft wünschen wir sehnsüchtig. ... Wer sich Gott und Christus weiht, sehnt sich nicht nach dem irdischen, sondern nach dem himmlischen Reich. *Cyprian*

Dein Wille geschehe, wie im Himmel, so auf Erden

Jesus sagte: „Ich bin nicht vom Himmel herabgekommen, um meinen Willen zu tun, sondern den Willen dessen, der mich gesandt hat" (Joh 6,38). Wenn der Sohn gehorchte und den Willen seines Vaters tat, wieviel mehr muß dann der Knecht gehorchen und den Willen seines Herrn erfüllen? *Cyprian*

Sobald der Wille Gottes, wie er im Himmel waltet, auch von uns auf Erden vollzogen wird, werden wir den Bewohnern des Himmels gleichgestellt sein, da wir ähnlich wie jene das Bild des Himmlischen in uns tragen. Und wir werden das Himmelreich erben.

Origenes

Gott will das Heil aller. Der heilige Paulus sagt: „Er will, daß alle Menschen gerettet werden und zur Erkenntnis der Wahrheit gelangen" (1 Tim 2,4). *Johannes Cassian*

Was will der Herr anderes, als daß wir auf dem Weg seiner Gebote gehen? In dieser Bitte erflehen wir nicht nur seinen Willen, sondern auch die Kraft, ihn erfüllen zu können. So werden wir gerettet im Himmel wie auf Erden. Denn das Heil derer, die er als Kinder angenommen hat, ist das, was er am meisten will.
Christus selbst hat den Willen Gottes erfüllt durch seine Verkündigung, durch seine Werke und sein Leiden. Er selbst hat gesagt, daß er nicht seinen, sondern den Willen des Vaters erfüllt. Darin ist er ein Vorbild für uns; er leitet uns an, in Wort und Tat dafür Zeugnis abzulegen.

Tertullian

Im Himmel sind wir ganz im Willen Gottes, da wir mit all unseren Gedanken im Himmel sind und wollen und tun, was Gott gefällt. Dort gibt es keine Neigung oder Erniedrigung, die uns in Widerstreit zum Willen Gottes brächte. Daher sollen wir, soweit möglich, in dieser Welt im Willen Gottes bleiben.

Theodor von Mopsuestia

Der Wille Gottes ist das, was Christus tat und lehrte:
Demut im Verhalten, Beständigkeit im Glauben, Bescheidenheit im Wort, Gerechtigkeit im Tun, Barmherzigkeit in den Werken, im Charakter Zucht; anderen niemals Unrecht tun, erlittenes Unrecht willig ertragen. Mit den Nächsten im Frieden leben, den Herrn aus ganzem Herzen lieben, weil er der Vater ist. Ihn fürchten, weil er Gott ist.
Christus allem anderen vorziehen, weil auch er uns allem vorgezogen hat. Seiner Liebe unverbrüchlich anhangen; mutig und treu zu seinem Kreuz stehen, wenn es gilt, um seinen Namen und um seine Ehre zu kämpfen.
Bei der Verteidigung und im Bekenntnis Standhaftigkeit beweisen, in Verhör und Kampf vertrauen.
Im Sterben Geduld zeigen, durch die wir gekrönt werden; und danach streben, Christi Miterben zu sein.
So erfüllen wir Gottes Gebot, so erfüllen wir den Willen des Vaters. *Cyprian*

Die Gesundheit der Seele besteht in der Entschlossenheit, immer den Willen Gottes zu tun. Gibst du diese Bereitschaft auf, dann kommt in die Seele die Krankheit, die zum Tode führt. Weil wir dadurch krank wurden, daß wir uns vom Willen Gottes trennten, heilt uns Gott, indem er uns wieder mit seinem Willen vereinigt. Gottes Wille ist das Heil der Menschen. Wenn wir uns entschließen, zu Gott zu sagen: Dein Wille geschehe auch in mir, dann müssen wir vorher jenem Leben entsagen, das im Gegensatz zu Gottes Willen steht.
Erbarme dich, o Gott, meiner Armseligkeit, und gib, daß dein heiliger Wille in mir geschehe! *Gregor von Nyssa*

Wenn wir sprechen: „Dein Wille geschehe, wie im Himmel so auf Erden“, so erbitten wir von Gott den Gehorsam, die Kraft, seinen Willen so zu erfüllen, wie er im Himmel von den Engeln erfüllt wird. *Augustinus*

Jesus sagt, wir sollen uns nach dem Himmel sehnen und nach dem, was im Himmel ist. Und schon jetzt, bevor wir in den Himmel kommen, sollen wir die Erde zum Himmel machen und hier so leben, als befänden wir uns schon drüben. In dieser Absicht sollen wir zum Herrn beten und entsprechend leben und reden. ...

Wie im Himmel alles ohne Widerrede geschieht, wie die Engel nicht dem einen Befehl gehorchen und sich dem anderen widersetzen, wie sie in allem willig und gehorsam sind, so gib, daß auch wir Menschen deinen Willen nicht halb erfüllen, sondern alles befolgen, wie du es willst. ...

Auch hier heißt Christus einen jeden von uns, im Gebet auf das Wohl der ganzen Welt bedacht zu sein. Er sagt nämlich nicht: Es geschehe dein Wille an mir oder an euch, sondern: auf der ganzen Welt. Auf der ganzen Welt soll aller Irrtum verschwinden, die Wahrheit erscheinen, alles Böse ausgerottet werden, die Tugend Einzug halten, und es soll keinen Unterschied mehr geben zwischen Himmel und Erde. *Johannes Chrysostomus*

Die Engel dienen dir im Himmel, wir wollen dir auf Erden dienen. Die Engel im Himmel beleidigen dich nicht, wir wollen dich auf Erden nicht beleidigen. Wie jene deinen Willen tun, so wollen auch wir ihn tun. ...
Noch anders kann man diese Bitte verstehen: Unser Geist kann nämlich verglichen werden mit dem Himmel, unser Fleisch mit der Erde. Was heißt dann: Dein Wille geschehe wie im Himmel so auf Erden? So wie unserem Geist dein Wille gefällt, so stimme ihm unser Fleisch zu. Und es schwindet jener Streit, der vom Apostel beschrieben wird: „Das Begehren des Fleisches richtet sich gegen den Geist, das Begehren des Geistes aber gegen das Fleisch" (Gal 5,17). Wenn der Geist wider das Fleisch begehrt, dann ist sein Wille im Himmel schon geschehen; wenn das Fleisch nicht wider den Geist begehrt, dann ist sein Wille auf Erden schon geschehen. ...
Und auch so kann man es verstehen: Wenn wir für unsere Feinde beten, für die Feinde der Kirche, daß sein Wille geschehe, wie im Himmel, so auf Erden, dann heißt das, wie in den Gläubigen, so auch in deinen Verächtern, damit alle „Himmel" werden. *Augustinus*

Wir bitten, daß der eine und unveränderliche Wille Gottes im Himmel und auf Erden, bei Gott und den Menschen walte. ...
Der Himmel sei unsere Heimat, Gott unser Leben, die Ewigkeit unsere Zeit, die Ruhe unsere Heimat, die Unschuld unser Reichtum, die Unsterblichkeit unsere Ehre, die Keuschheit unser Ruhm, Gott unser Alles!

Petrus Chrysologus

Herr, gib mir die Kraft, alles zu tun, was du verlangst. Dann verlange von mir, was du willst.

Augustinus

Unser tägliches Brot gib uns heute

Denen, die nach dem Reich und der Gerechtigkeit Gottes trachten, soll nach seiner Verheißung auch alles andere zuteil werden. Da alles Gott gehört, wird es dem, der Gott hat, an nichts fehlen, wenn er selbst es Gott gegenüber an nichts fehlen läßt. *Cyprian*

Wir sollen lediglich um das bitten, was zur Erhaltung des leiblichen Daseins ausreicht, nicht um Üppigkeit und Reichtum, nicht um farbenprächtige Purpurgewänder, nicht um Goldschmuck und glitzernde Edelsteine, nicht um Silbergeschirr, ... nicht um Herden von Pferden und Rindern oder anderem Vieh, nicht um musikalischen Ohrenschmaus oder um anderes, wodurch die Seele von dem ungleich wichtigeren Streben nach Gott abgelenkt wird, sondern nur um unser tägliches Brot. *Gregor von Nyssa*

Der Herr läßt uns nicht um Reichtum bitten, nicht um üppiges Leben, nicht um kostbare Kleider, um nichts dergleichen. Nur um Brot läßt er uns bitten, und zwar um soviel Brot, wie für einen Tag genügt, ... damit uns nicht unnötig die Sorge um den morgigen Tag beunruhigt. *Johannes Chrysostomus*

Dadurch, daß der Herr „für heute" bitten heißt, verbietet er die Sorge für morgen; gleichsam als ob er dir sagte: Der den Tag dir gibt, der gibt dir auch das, was zu dem Tage gehört. *Gregor von Nyssa*

Das Brot Gottes ist Frucht der Gerechtigkeit. Seine Ähre ist erfüllt von Frieden; das Weizenfeld, auf dem sie wuchs, ist rein und nicht von Unkraut geschädigt.
Wenn du daher arbeitest in Ungerechtigkeit, auf Feldern, die du anderen weggenommen hast, dann hat es keinen Sinn, daß du zum Herrn betest: Gib mir Brot!, denn Gott wird dich nicht erhören. *Gregor von Nyssa*

Diese Bitte kann sowohl geistig als auch wörtlich verstanden werden. Beide Auslegungen bergen einen göttlichen Nutzen und dienen zum Heil. ...
Daß uns Christus, das Brot des Lebens, täglich zuteil werde, darum bitten wir, damit wir, die wir in Christus sind und seine Eucharistie täglich empfangen, vom Leib Christi nicht getrennt werden. *Cyprian*

Wenn wir sagen: „Unser tägliches Brot gib uns heute", so meint „heute" in dieser Welt, in der wir um ein hinreichendes Auskommen bitten. Dies bezeichnen wir mit dem Begriff Brot, da das Brot dessen vorzüglichster Teil ist. Man kann darunter auch die Eucharistie, das Sakrament der Gläubigen, verstehen, das in dieser Zeit notwendig ist, nicht um das zeitliche, wohl aber, um das ewige Glück zu erlangen. *Augustinus*

Auch das Wort Gottes, das jeden Tag verkündet und gleichsam gebrochen wird, ist tägliches Brot. Und wie der Leib nach jenem Brot hungert, so der Geist nach diesem. Alles, was wir für unseren Leib und unseren Geist in diesem Leben brauchen, ist im täglichen Brot eingeschlossen. *Augustinus*

Das tägliche Brot, das die Kinder vom Vater erbitten, ist das Wort Gottes, ein Brot, das uns täglich gegeben wird. Davon lebt unser Geist, nicht der Bauch. Wir brauchen es, denn wir sind noch Arbeiter im Weinberg des Herrn. ... Außer dem Wort ist auch die Eucharistie das tägliche Brot, das wir für dieses Leben brauchen. Auch sie empfangen wir zur Stärkung des Geistes, nicht des Leibes. Diese göttliche Speise, die wir vom Altar des Herrn empfangen, hat die Kraft der Einigung. Sie vereint uns mit dem Leib des Herrn und macht uns zu seinen Gliedern, damit wir das werden, was wir empfangen. *Augustinus*

Nach der Bitte um das himmlische Reich bitten wir hier nicht eigentlich um das irdische Brot. Jesus hat es uns ja mit seinen eigenen Worten verboten, wenn er sagt: „Macht euch keine Sorgen und fragt nicht: Was sollen wir essen? Was sollen wir trinken?" (Mt 6,31). Christus selbst ist das „Brot, das vom Himmel herabgekommen ist" (Joh 6,58). Um ihn bitten und flehen wir: daß wir ihn als Brot empfangen dürfen, daß wir von ihm täglich, das heißt ohne Unterbrechung bis in Ewigkeit leben, daß wir heute, das heißt in diesem Leben, beim Mahl des Altares ihn zur Stärkung des Leibes und der Seele empfangen.

Petrus Chrysologus

Der Vater im Himmel ermahnt uns, als Kinder des Himmels um das Brot des Himmels zu bitten. Christus selbst ist das Brot, das in die Jungfrau gesät, im Fleisch durchsäuert, im Leiden geknetet, im Ofen des Grabes gebakken, in der Kirche aufbewahrt und auf den Altären geopfert wird. Dieses Brot teilt er Tag für Tag den Gläubigen aus als eine himmlische Nahrung.

Petrus Chrysologus

Vergib uns unsere Schuld, wie auch wir vergeben unsern Schuldigern

Die Bitte um Verzeihung ist schon Bekenntnis der Schuld; wer nämlich um Verzeihung bittet, gesteht sein Vergehen ein. *Tertullian*

Gott will, daß wir friedfertig, einträchtig und einmütig in seinem Haus wohnen. ... Nachdem wir angefangen haben, Kinder Gottes zu sein, sollen wir in Gottes Frieden verharren. Wie wir einen Geist haben, sollen wir auch eines Herzens und eines Sinnes sein. Gott nimmt deshalb das Opfer eines unversöhnlichen Menschen nicht an. Er fordert ihn auf, vom Altar wegzutreten und sich zuvor mit seinem Bruder zu versöhnen, damit er durch seine friedfertigen Bitten auch bei Gott Frieden finde. Denn es ist in den Augen Gottes ein größeres Opfer, wenn Friede und brüderliche Eintracht unter uns herrschen und wenn das Volk in der Einheit des Vaters und des Sohnes und des Heiligen Geistes verbunden ist. *Cyprian*

Wir haben viele Sünden, denn in Wort und Denken verfehlen wir uns, und wir tun sehr vieles, was verurteilenswert ist. Wenn wir sagen, daß wir keine Sünde haben, so lügen wir (vgl. 1 Joh 1,8). Wir gehen mit Gott einen Pakt ein, wenn wir beten, er möge uns die Sünden vergeben, wie auch wir unseren Nächsten die Schulden erlassen. Wenn wir bedenken, was wir dafür empfangen, so wollen wir nicht zaudern und es nicht hinausschieben, einander zu verzeihen! *Cyrill von Jerusalem*

Wer sich dem Barmherzigen naht, soll selbst barmherzig sein; wer sich dem Guten naht, soll gut sein; wer sich dem Gerechten naht, gerecht. ... Die Ordnung wird hier umgekehrt: Wie sonst das Gute in uns durch die Nachahmung Gottes zustande kommt, so dürfen wir in diesem Fall zu hoffen wagen, Gott werde unser Beispiel nachahmen.

Gregor von Nyssa

Wenn wir sprechen: „Vergib uns unsere Schuld, wie auch wir vergeben unseren Schuldigern", so belehren wir uns selbst darüber, was wir zu erbitten und was wir zu tun haben, damit wir das Erbetene auch empfangen.

Augustinus

Wer denen, die ihn beleidigen, nicht zürnt, wird um so mehr Milde haben gegenüber den Freunden. Wir reißen den Zorn mit den Wurzeln und für immer aus unserem Herzen. ... Wer nicht zürnt und nicht haßt, kann auch nicht traurig sein, er erfährt Freude und empfängt unendlich viele Güter. Wenn wir die anderen hassen, strafen wir uns selbst, und umgekehrt tun wir uns selbst Gutes, wenn wir lieben. Ferner werden wir selbst von den Feinden geachtet sein, ja mit dieser Haltung werden wir keine Feinde mehr haben. Was schließlich mehr zählt als alles: Wir gewinnen das Wohlwollen Gottes. Wenn wir gesündigt haben, wird uns vergeben. Wenn wir Gutes getan haben, haben wir noch mehr Grund, Vertrauen und Hoffnung zu haben.

Johannes Chrysostomus

Wer wirksam beten will: „Vergib uns unsere Schuld", der füge aufrichtig hinzu: „Wie auch wir vergeben unsern Schuldigern". Wenn er dieses letzte nicht oder unaufrichtig spricht, sagt er das erste umsonst. ... Vergebt von Herzen alles, was ihr gegen jemand habt. Vergebt dort, wo Gott hinsieht. Zuweilen vergibt nämlich der Mensch mit dem Mund und behält es mit dem Herzen; er vergibt mit dem Mund um der Menschen willen und behält es im Herzen. *Augustinus*

Durch die Erinnerung an unsere Schuld ruft uns Jesus zur Bescheidenheit auf; durch den Auftrag, anderen zu verzeihen, befreit er uns von jeder Rachsucht. Und dadurch, daß er auch uns Verzeihung verheißt, erfüllt er uns mit froher Hoffnung und veranlaßt uns, über die unaussprechliche Liebe Gottes zu uns nachzudenken. *Johannes Chrysostomus*

Jesus will, daß wir uns mild gegen jene erweisen, die in Schuld verstrickt sind; er will, daß wir das uns zugefügte Unrecht vergessen, damit wir Vergebung erlangen, indem wir Vergebung erweisen. *Johannes Chrysostomus*

In gewisser Weise gibt Gott uns die Möglichkeit, das Urteil über uns zu mildern. Durch das Beispiel unserer Vergebung können wir Gott zwingen, uns unsere Schuld zu vergeben. Denn wir sagen damit: Vergib uns, wie wir den anderen vergeben. *Johannes Cassian*

Wenn du so betest, setzt du dir selbst das Maß der Vergebung. Du bittest, daß dir vom Herrn ebensoviel vergeben wird, wie du deinem Mitmenschen vergibst. Vergib also dem Bruder, der sich gegen dich verfehlte, wenn du schuldlos vor dem Herrn sein willst. Wenn du beim Gericht Vergebung erhalten willst, dann vergib dir selbst in deinem Bruder. *Petrus Chrysologus*

Die Feier von Laudes und Vesper gehe niemals zu Ende, ohne daß am Schluß der Obere das Gebet des Herrn von Anfang an so spricht, daß alle es hören können; denn immer wieder gibt es Ärgernisse, die wie Dornen verletzen.
Wenn die Brüder beten und versprechen: „Vergib uns, wie auch wir vergeben", sind sie durch dieses Wort gebunden und reinigen sich von solchen Fehlern. *Benedikt von Nursia*

Wenn wir Rachsucht im Herzen haben, können wir dieses Gebet nicht mit dem Herrn sprechen. *Johannes Klimakus*

Führe uns nicht in Versuchung

Damit dieses so leicht faßliche Gebet des Herrn vollständig sei, sollen wir nicht bloß um Vergebung der Sünden, sondern auch um deren gänzliche Abwendung bitten: Führe uns nicht in Versuchung, das heißt, laß uns nicht in sie geführt werden durch den, der da versucht. Fern sei der Schein, als versuche der Herr!

Tertullian

Es steht geschrieben: „Gott ... führt niemand in Versuchung“ (Jak 1,13). Es kann daher in dieser Bitte nur gemeint sein, daß Gott diejenigen, die sich in den Fallstricken der Versuchung verstrickt haben, ihrem Schicksal nicht überlassen soll. ... Wo diese Versuchungen des Menschen ihren Ursprung haben, zeigen die nächsten Worte des Gebets: Erlöse uns von dem Bösen.

Petrus Chrysologus

Gott will das Gute nicht aufzwingen, er will freie Wesen ... Auch die Versuchung hat ihr Gutes. Niemand außer Gott weiß, was unsere Seele von Gott erhalten hat, nicht einmal wir. Aber die Versuchung bringt es an den Tag, um uns zu lehren, uns selbst zu erkennen und so unser Elend zu entdecken; und um uns zu verpflichten, für all das Gute zu danken, das die Versuchung uns aufgedeckt hat.

Origenes

Das ganze Leben des Menschen auf Erden ist eine Versuchung. Deshalb wollen wir um Erlösung von der Versuchung bitten, nicht in dem Sinne, daß wir nicht versucht würden, denn dies ist für uns auf Erden nicht möglich, sondern in dem Sinne, daß wir der Versuchung nicht erliegen. *Origenes*

Auch Christus wurde vom Teufel versucht. Doch er hat sich als Meister und Lehrer in den Versuchungen erwiesen. Darum sagt er: „Betet, damit ihr nicht in Versuchung geratet!" (Lk 22,46). *Tertullian*

Vielleicht meint „in Versuchung geraten" untergehen in der Versuchung. Denn die Versuchung gleicht einem schwer zu überschreitenden Strom. Die in der Versuchung nicht untergehen, sind wie ausgezeichnete Schwimmer, die von der Strömung nicht mitgerissen werden. Wer aber nicht schwimmen kann, geht unter. So ist zum Beispiel Judas in der Versuchung zur Habgier untergegangen und an Leib und Seele umgekommen. Petrus dagegen erlag zwar der Versuchung zur Verleugnung, aber er ging nicht unter, sondern schwamm kräftig und wurde aus der Versuchung gerettet.

Cyrill von Jerusalem

Wenn wir sagen: „Und führe uns nicht in Versuchung", so bitten wir um den göttlichen Beistand, um keiner Versuchung zuzustimmen oder – von ihr geblendet – nachzugeben.

Augustinus

Diese Bitte bedeutet nicht, Gott möge uns nie versuchen, sondern er möge nicht zulassen, daß die Versuchten besiegt werden. Denn versucht wurde Ijob, aber er erlag nicht der Versuchung; er beging keine Torheit, lästerte nicht gottlos, folgte nicht dem Willen des Versuchers. Versucht wurde Abraham, versucht wurde Josef, aber keiner fiel in der Versuchung.

Johannes Cassian

Du durchschaust mich, Herr, du kennst mich ganz, wie ich bin. Ich weiß nicht, welchen Versuchungen ich zu widerstehen vermag und welchen nicht. Doch das ist meine Hoffnung: Du bist treu und wirst nicht zulassen, daß wir über unsere Kraft versucht werden. Du wirst uns in der Versuchung einen Ausweg schaffen, daß wir bestehen können.

Augustinus

Erlöse uns von dem Bösen

Am Ende des Herrengebets steht der Schlußsatz, der alle unsere Bitten und Anliegen in gedrängter Kürze zusammenfaßt. ... Wie kann sich einer in der Welt fürchten, wenn ihm Gott als Beschützer zur Seite steht? *Cyprian*

Schlechtigkeit ist nicht Auswirkung der Natur, sondern des freien Willens. Der Teufel wird zu Recht der Böse genannt wegen des Übermaßes seiner Bosheit, und weil er gegen uns ist, obwohl wir ihm gar nichts zuleid getan haben. Darum sagte der Herr auch nicht: Erlöse uns von den Übeln, sondern: Erlöse uns von dem Bösen. Er gibt uns damit die Lehre, unseren Nächsten gegenüber niemals unwillig zu sein, wenn wir etwas Böses von ihnen zu ertragen haben, sondern unseren Ärger auf denjenigen zu übertragen, der an allem Übel schuld ist. *Johannes Chrysostomus*

Wir bitten, daß die Zeit kommt, in der die Macht des Todes und der Urheber des Übels überwunden ist, in der die ganze Schöpfung umgewandelt ist im Glanz der Herrlichkeit Christi, damit, wie im Himmel, so auch auf Erden nur der eine Wille Gottes geschehe.

Petrus Chrysologus

Die Versuchungen stammen vom Teufel, der Ursache und Quelle jedes Bösen. ... Der Mensch soll also zu Gott flehen und beten: „Erlöse uns von dem Bösen", damit wir endlich durch Christus, den einzigen Sieger, vom Bösen befreit werden. *Petrus Chrysologus*

Wenn wir sprechen: „Erlöse uns von dem Übel", rufen wir uns in Erinnerung, daß wir jenes Ziel noch nicht erreicht haben, wo es kein Übel mehr geben wird. Dieser Schluß des Herrengebetes ist so tief, daß der Christ bei jedem Anliegen in diesen Worten seine tiefste Not ausspricht und seine Tränen vergießt. Von diesem Gedanken geht sein Gebet aus, bei ihm verweilt es, in ihm endet es. *Augustinus*

Amen

Am Schluß des Gebets sagst du „Amen“. Durch dieses Wörtchen, welches bedeutet: „So geschehe es!“, besiegelst du alles, was in diesem von Gott gelehrten Gebet enthalten ist.

Cyrill von Jerusalem

Ein Gebet –
viele Variationen

Franz von Assisi

Unser heiligster Vater, unser Schöpfer und Erlöser, Tröster und Heiland.

Du bist in den Himmeln.
Du erleuchtest Engel und Heilige, schenkst ihnen Erkenntnis; denn du, Herr, bist das Licht. Du entzündest in ihnen das Feuer der Liebe; denn du bist Liebe. Du wohnst in ihnen und gibst ihnen die Fülle der Freude; denn du bist das ewige, höchste Gut. Alles Gute kommt von dir, ohne dich gibt es nichts Gutes.

Geheiligt werde dein Name!
Hilf uns, dich immer besser zu erkennen, damit wir verstehen, wie sehr du uns beschenkst, wie viel du uns versprichst, wie groß deine Macht ist und wie tiefgründig deine Entschlüsse sind.

Dein Reich komme!
Erfülle uns mit deiner Gnade, und laß uns in dein Reich kommen, wo wir dich schauen von Angesicht zu Angesicht, wo wir in der vollkommenen Liebe und in der seligen Gemeinschaft mit dir unser Glück finden.

Dein Wille geschehe, wie im Himmel so auf Erden, damit wir dich lieben mit ganzem Herzen und immer an dich denken; mit ganzer Seele und immer dich ersehnen; mit ganzem Denken und immer danach streben, in allem deine Ehre zu suchen. Mit all unseren Kräften des Leibes und der Seele wollen wir nur deiner Liebe folgen. Wir wollen unseren Nächsten lieben wie uns selbst und mit unserer ganzen Kraft alle zu deiner Liebe führen. Wir wollen uns über das Gute der anderen freuen wie über das unsrige, in ihrer Not mit ihnen leiden und niemanden irgendwie verletzen.

Unser täglich Brot gib uns heute.
Deinen geliebten Sohn, unseren Herrn Jesus Christus, gib uns heute, damit wir uns erinnern und verstehen, welche Liebe er für uns hatte in Wort und Tat und in seinem Leiden.

Und vergib uns unsere Schuld
durch deine unermeßliche Barmherzigkeit, durch das Leiden deines Sohnes und auf die Fürsprache von Maria und allen deinen Heiligen.

Wie auch wir vergeben unsern Schuldigern:
Hilf uns, Herr, daß wir vollkommen vergeben, wo uns das Verzeihen schwerfällt. Hilf uns, unsere Feinde aufrichtig zu lieben und für sie zu beten – aus Liebe zu dir. Hilf uns, daß wir nie Böses mit Bösem vergelten, sondern in allem dir dienen.

Und führe uns nicht in Versuchung, sei sie verborgen oder offensichtlich, leise oder ungestüm.

Sondern erlöse uns von dem Bösen,
sei es vergangen, gegenwärtig oder zukünftig

Diese Erklärung zum Vaterunser gehört zu den authentischen Texten des Franziskus (1181/82– 1226). Durch entsprechende Zusätze hat er vorhandenen Vorlagen seine persönliche Deutung gegeben.

Niklaus von Flüe zugeschrieben

Vater unser, ewiger Vater der Barmherzigkeit, du bleibst immer ein lieber, getreuer Vater deinen gläubigen und gehorsamen Kindern und hast dich selbst zum Diener und Helfer der armen Menschen auf dieser Erde gemacht: Laß uns, von unseren Sünden bekehrt, deine gehorsamen Kinder sein!
Wir bitten dich, himmlischer Vater, für alle Gläubigen; laß sie durch deine Erkenntnis und die Heiligung ihres Lebens einen dir wohlgefälligen Wandel führen, daß wir nimmer geschieden werden von deinem Reiche, sondern dein göttlicher Name von uns und in uns geheiligt werde zu Lob und Ehre deiner Majestät.
Herr, Jesu Christe, wir bitten dich nicht um das Reich der Welt, das vergänglich und zeitlich ist, sondern um das Reich, das immerfort währet, darin kein Mangel und kein Gebrechen sein kann und wo die Engel dich schauen und loben von Angesicht zu Angesicht.
Dein göttlicher Wille, der allzeit heilig und heilsam ist, werde vollkommen an uns voll-

bracht, in Reichtum wie auch in Armut, in Trübsal wie in Wohlfahrt, im Leben wie auch im Sterben.
Getreuer Herr Jesu Christe, wir bitten dich auch, daß du uns gnädig erhaltest und uns dich selbst zur geistlichen Speise gebest, daß wir mit dir vereinigt bleiben.
Vergib uns unsere Schuld! Nachdem wir allen vergeben, die uns auf Erden Leid und Unrecht getan, wollest auch du uns alles vergeben, was wir gesündigt haben wider deinen göttlichen Willen und unsere Nächsten.
Und weil wir Menschen hienieden schwach sind, so behüte uns, Herr vor allen schädlichen Anfechtungen, vor Teufels Arglist, Fleisches Begierden und der Welt Falschheit und Trug.
Und erlöse, Herr Gott, mich selbst und alle Christen von dem Übel des Leibes und der Seele. Amen.

Diese Vaterunser-Betrachtung, die dem Familienvater, Einsiedler und Friedensstifter Niklaus von Flüe (1417–1487) zugeschrieben wurde, existierte schon vor seiner Zeit, war ihm aber vielleicht bekannt.

Martin Luther

Vater unser im Himmelreich,
der du uns alle heißest gleich
Brüder sein und dich rufen an
und willst das Beten von uns han:
Gib, daß nicht bet allein der Mund,
hilf, daß es geh von Herzensgrund.

Geheiligt werd der Name dein,
dein Wort bei uns hilf halten rein,
daß auch wir leben heiliglich
nach deinem Namen würdiglich.
Behüt uns, Herr, vor falscher Lehr,
das arm verführet Volk bekehr.

Es komm dein Reich zu dieser Zeit
und dort hernach in Ewigkeit.
Der Heilig Geist uns wohne bei
mit seinen Gaben mancherlei;
des Satans Zorn und groß Gewalt
zerbrich, vor ihm dein Kirch erhalt.

Dein Will gescheh, Herr Gott, zugleich
auf Erden wie im Himmelreich.
Gib uns Geduld in Leidenszeit,
gehorsam sein in Lieb und Leid;
wehr und steur allem Fleisch und Blut,
das wider deinen Willen tut.

Gib uns heut unser täglich Brot
und was man bedarf zur Leibesnot;
behüt uns, Herr, vor Unfried, Streit,
vor Seuchen und vor teurer Zeit,
daß wir in gutem Frieden stehn,
der Sorg und Geizens müßig gehn.

All unsre Schuld vergib uns, Herr,
daß sie uns nicht betrübe mehr,
wie auch wir unsern Schuldigern
ihr Schuld und Fehl vergeben gern.
Zu dienen mach uns all bereit
in rechter Lieb und Einigkeit.

Führ uns, Herr, in Versuchung nicht;
wenn uns der böse Geist anficht
zur linken und zur rechten Hand,
hilf uns tun starken Widerstand
im Glauben fest und wohlgerüst'
und durch des Heilgen Geistes Trost.

Von allem Übel uns erlös;
es sind die Zeit' und Tage bös.
Erlös uns von dem ewgen Tod
und tröst uns in der letzten Not.
Bescher uns auch ein selig's End,
nimm unsre Seel in deine Händ.

Amen, das ist: Es werde wahr!
Stärk unseren Glauben immerdar,
auf daß wir ja nicht zweifeln dran,
was wir hiemit gebeten han
auf dein Wort, in dem Namen dein;
so sprechen wir das Amen fein.

Martin Luther (1483–1546) schrieb 1539 diesen Text auf eine Melodie aus Salzburg (vor 1396).

Teresa von Avila

Ich will mich mit dem Gebet befassen, das uns als Christen aufgegeben ist, dem Vaterunser. Man soll von uns Schwestern nicht sagen können, daß wir es sprechen, ohne es zu verstehen. Wenn ich zum Beispiel „Vater" sage, dann verlangt, so meine ich, schon die Liebe, daß ich weiß, wer dieser Vater ist und wer der Meister ist, der uns das Gebet gab. ... Wir tun gut daran, uns zu vergegenwärtigen, daß Jesus selbst uns dieses Gebet gegeben hat und daß der Meister sich nie so weit vom Schüler entfernt, daß dieser ihn rufen müßte; nein, er bleibt ihm ganz nah. Wenn ihr das Vaterunser betet, haltet euch an den Meister, der es euch lehrte. ...

Vater unser
O Herr, wie bist du ganz Vater eines solchen Sohnes, und wie ist er ganz Sohn eines solchen Vaters! ... Du mein Herr und Sohn Gottes, wie viel gibst du uns gleich mit dem ersten Wort! Im Namen des Vaters gibst du uns alles, was man nur geben kann; dein Wort si-

chert uns zu, daß wir ihm wie seine Kinder seien. Damit verpflichtest du ihn, uns als unser Vater zu ertragen, wie groß auch immer unsere Verfehlungen gegen ihn sein mögen. Wenn wir wie der verlorene Sohn zu ihm umkehren, so wird er uns verzeihen, uns in unserem Kummer trösten, für uns sorgen, wie es nur ein Vater tun kann, der notwendigerweise besser sein muß als alle Väter der Welt, denn er ist vollkommen.

Der du bist im Himmel
Gott ist überall. Und wo der König ist, so sagt man, ist auch der Hof. Wo also Gott ist, ist Himmel. ... Wer sich in den kleinen Himmel seiner Seele einschließen kann, wo er den findet, der Himmel und Erde geschaffen hat, und wer sich übt, den Blick auf ihn gerichtet zu halten und die Sinne zu hindern, sich nach außen zu zerstreuen, der geht, das möge man mir glauben, einen vortrefflichen Weg, der ihn zum Quell führt, aus dem er trinken kann. Denn er kommt in kurzer Zeit sehr schnell voran. Es geht ihm wie jemandem, der bei gutem Wind zu Schiff reist und in wenigen Tagen am Ziel der Reise ist, wohin man auf dem Landweg sehr viel länger bräuchte.

Wie wunderbar ist es doch: Er, dessen Größe tausend und abertausend Welten füllt, schließt sich in etwas so Kleines ein wie unsere Seele! Als der Herr hat er alle Freiheit, aber er paßt sich unserem Maß an, weil er uns liebt.

Geheiligt werde dein Name, dein Reich komme
Hättest du, Herr, nicht einfach alles in ein Wort zusammenfassen können und uns nur sagen lassen: „Gib uns, Vater, was uns angemessen ist", denn wer weiß das besser als du, und ist damit nicht alles Nötige gesagt? Aber du kennst uns, Herr, du weißt, daß wir uns nicht wie du in den Willen deines Vaters fügen und daß man uns ganz bestimmte Dinge zu bitten auftragen muß, damit wir überlegen können, ob sie gut für uns sind, und, falls nicht, die Bitte unterlassen. Denn wie wir nun einmal sind, würden wir mit unserem freien Willen ablehnen, was der Herr uns gibt, wenn wir es nicht zuvor selbst gewünscht haben. Denn auch wenn wir das Allerbeste bekommen, halten wir uns doch nie für reich, wenn wir das Geld nicht gleich auf der Hand sehen.

Seine Majestät wußte, daß wir mit unserem bißchen Fähigkeit den heiligen Namen des ewigen Vaters weder gebührend heiligen noch preisen, noch verherrlichen können, wenn uns der Herr nicht schon hier sein Reich gegeben hat. Darum setzte der gute Jesus diese beiden Bitten nebeneinander. ...
Der Herr beginnt schon hier, uns an seinem Reich teilhaben zu lassen, damit wir ihn wahrhaft preisen, seinen Namen heiligen und dafür wirken, daß alle das tun. ...
Schwestern, ihr tut viel mehr mit einem einzigen Wort des Vaterunsers von Zeit zu Zeit, als wenn ihr es eilig immer wieder aufsagt. Der, den ihr bittet, ist ganz nah, und er hat keine Mühe, euch zu hören. Glaubt mir, dann werdet ihr in Wahrheit seinen Namen heiligen und preisen.

Dein Wille geschehe,
wie im Himmel, so auf Erden

Wenn die Erde uns Himmel geworden ist, werde ich auch, Herr, deinen Willen tun können. Sonst wüßte ich nicht, wie dies möglich sein sollte, zumal bei einem so schlechten und unfruchtbaren Erdreich wie dem meinen.

Seht, meine Töchter, was der Vater im Himmel dem gab, den er mehr liebte als alle Menschenkinder. Daraus könnt ihr erkennen, was sein Wille ist. Nach dem Maß der Liebe, die er zu uns hat, gibt er uns seine Gaben. ... Wer ihm große Liebe entgegenbringt, den hält er für fähig, viel für ihn zu leiden; wer aber nur eine geringe Liebe zu ihm hat, von dem weiß er, daß er nur wenig leiden kann. Um zu ermessen, ob einer ein großes oder nur ein kleines Kreuz tragen kann, dient meines Erachtens als Maßstab die Liebe. ...
Wenn wir uns von allem lösen, uns ganz dem Schöpfer schenken und unseren Willen in den seinen fügen, dann wird der Weg kurz, auf dem wir zum Quell lebendigen Wassers gelangen. Aber nur der wird daraus trinken, der seinen Willen ganz dem Herrn übergibt, so daß dieser ihn gänzlich mit dem seinen in Übereinstimmung bringen kann. ...
Ja, Herr, mit mir geschehe dein Wille, alles, was du möchtest und wie du es wünschst. Sollen Leiden über mich kommen, gib mir Kraft, sie zu tragen. Wenn Verfolgungen, Krankheiten, Entbehrungen, Not kommen: Hier bin ich, Vater, ich wanke nicht und sehe keinen Grund zur Flucht. Denn dein Sohn hat

für uns alle, also auch für mich, den Willen in deine Hände gelegt, wie sollte ich mich da verweigern? Gib mir gnädig dein Reich, damit ich deinen Willen tun kann, denn diese Bitte hat dein Sohn ausgesprochen. Verfüge über mich, dein Eigentum, nach deinem Willen. ...

Es freut den Herrn in der liebevollen Freundschaft mit unserer Seele, sich den Wünschen der Seele zu unterwerfen, so wie diese sich dem seinen unterwirft. Nur tut er das viel vollkommener, denn er ist allmächtig und vollbringt, was er wünscht, so, daß nichts zu wünschen übrig bleibt.

Unser täglich Brot gib uns heute

Mir fällt auf, daß der Herr in dieser Bitte zweimal das gleiche sagt, nämlich „täglich" und „heute". Es ist, als wolle Jesus zu seinem Vater sagen, er möge ihn nicht von uns nehmen, nachdem er ihn uns einmal gegeben hat und er für uns gestorben ist; da er nun mal schon zu uns gehört, möge der Vater uns seinen Sohn lassen bis zum Ende der Welt, damit er uns täglich diene.

Kümmert euch um kein anderes Brot, ihr, die ihr euch wahrhaft dem Willen Gottes überlassen habt. Das gilt aber nur für die Zeit des Gebets, zu anderer Zeit müßt ihr arbeiten und euer Brot verdienen.

Und vergib uns unsere Schuld, wie auch wir vergeben unseren Schuldigern
Wir müssen darauf achten, Schwestern, daß unser guter Meister nicht sagt: Wie wir vergeben *werden*. Wir sollen nämlich begreifen, daß nur, wer schon verziehen hat, um eine so große Gabe bitten und seinen Willen in den des Herrn fügen kann. Darum sagt er für uns: wie auch wir vergeben. ...
Ich kenne viele Schwestern, denen der Herr die Kontemplation schenkte. Und auch wenn ich an ihnen andere Fehler und Unvollkommenheiten bemerkte, fand ich doch nie mangelnde Bereitschaft zur Vergebung. Anders könnten auch, so meine ich, die Gaben nicht von Gott kommen.

Und führe uns nicht in Versuchung
Manchmal glaube ich, von allem ganz losgelöst zu sein, und bin es doch keineswegs, wie die Probe aufs Exempel zeigt. Oder ich bilde mir ein, über böse Nachrede erhaben zu sein, und bin froh darüber, daß es tatsächlich

schon mehrmals so war. Dann aber genügt ein einziges böses Wort, und ich bin so unglücklich, daß ich aus der Welt scheiden möchte, weil mir alles unerträglich wird.
Hütet euch vor jener demütigenden Unruhe, in die uns der Teufel bezüglich der Schwere unserer Sünden versetzt. ... Wahre Demut erregt und beunruhigt die Seele nicht, sie bringt im Gegenteil Ruhe und Friede und Heiterkeit mit sich. ...
Ganz grundsätzlich, liebe Schwestern, müßt ihr euch bemühen – natürlich nur, soweit es sich mit Gottes Gebot verträgt – zu allen, mit denen ihr umgeht, freundlich und entgegenkommend zu sein, damit sie euer Gespräch und eure Lebensweise gern haben und sich nicht von der Tugend abschrecken und einschüchtern lassen.

Sondern erlöse uns von dem Bösen

Wie strebt doch unser Wille fort von dem, was Gottes Wille ist! Wir sollen die Wahrheit lieben, aber wir lieben die Lüge. Wir sollen nach dem Ewigen streben, aber wir neigen dem Endlichen zu. Wir sollen Großes und Erhabenes schätzen und schätzen das Niedrige und Erdverhaftete. Wir sollen das Sichere wählen, aber wir wählen das Zweifelhafte. Alles ist Trug, liebe Töchter, uns bleibt nur zu beten, daß Gott uns von diesen Gefährdungen befreie und uns aus allem Bösen heraushole.

Amen
Das Amen verstehe ich so, daß mit ihm alles endet. Jesus bittet also damit den Herrn, uns für immer von allem Übel und allem Bösen zu befreien.

Im Auftrag ihres Beichtvaters aus dem Dominikanerorden schrieb die lebenstüchtige Mystikerin Teresa von Avila (1515–1582) das Buch, das den Titel trägt: „Weg der Vollkommenheit". Sie selbst nannte es mit Vorliebe „Vaterunserbuch".

Johann Michael Sailer

Wenn ich kein Wort mehr sprechen kann und eine Bitte des Unser Vater tritt mir in die Seele, so ist es mir, als wenn mir Christus die Flügel des Geistes zurechtmachte und das ganze Vaterunser ausdrücklich und besonders für meine Umstände wäre gemacht worden.

Unser Vater! Der Kranken wie der Gesunden, der Sterbenden wie der Lebenden Vater bist du.
Im Himmel bist du das Licht der Heiligen, auf Erden die Zuversicht der Kämpfenden. Dein Name verherrliche sich auch an dieser Krankheit! Möge sie zum Tode oder zur Genesung ausschlagen: nur dein Name soll durch sie verklärt werden. Wer mich leidend sieht, preise deine Huld; denn sie ist es, die mich stärket zur Geduld. Und wenn sie meinen Leib zum Hause hinaus und zum Grabe hintragen werden, so sei dein Name gepriesen, denn du nimmst den Geist zu dir und gibst den Staub der Erde wieder.

Dein Reich komme! Du allein machst dem Kriege zwischen Geist und Fleisch ein Ende, auf immer – wenn du die Seele von den Banden des Leibes lösest; auf eine Weile, wenn du mit göttlicher Streitkraft den müden Kämpfer salbest. O salbe ihn!

Dein Wille geschehe! Nicht der meine, denn der ist irdisch, der ist zeitlich. Der deine geschehe, denn der ist ewig, heilig wie du.

Gib mir heut das Brot des Lebens, gib mir den Trank des Himmels, daß mein Geist nicht verschmachte – in dem Lande der Not und der Dürre.

Vergib mir die Sünde der Ungeduld und alle Früchte der Selbstsucht. Vergib mir alle meine Schulden und schenke mir ein versöhnliches Herz; dann spreche ich kühn: Vergib, wie ich vergebe. Laß mein Herz in deinem Herzen ruhen, dann rührt mich keine Versuchung an, oder eins mit dir, schlage ich sie mit deinem starken Arm zurück.

Und dann die letzte Bitte: Erlöse mich von mir, von allem Bösen, von allem Übel. Amen.

Johann Michael Sailer (1751–1832), Theologieprofessor in Ingolstadt und Dillingen, wurde 1829 Bischof von Regensburg.

Dag Hammarskjöld

Geheiligt werde dein Name
nicht der meine,
dein Reich komme
nicht das meine,
dein Wille geschehe
nicht der meine.
Gib uns Frieden mit dir,
Frieden mit den Menschen,
Frieden mit uns selbst,
und befreie uns von Angst.

Dag Hammarskjöld wurde 1905 im schwedischen Jönköping geboren. 1961 fand der Generalsekretär der Vereinten Nationen bei einem Flugzeugunglück den Tod.

Karl Rahner

Vater unser, der du bist im Himmel meines Herzens, wenn es auch eine Hölle zu sein scheint;

geheiligt werde dein Name, er werde angerufen in der tödlichen Stille meines ratlosen Verstummens;

zu uns komme dein Reich, wenn alles uns verläßt;

dein Wille geschehe, auch wenn er uns tötet, weil er das Leben ist und, was auf Erden wie ein Untergang aussieht, im Himmel der Aufgang deines Lebens ist;

gib uns heute unser tägliches Brot, laß uns auch darum bitten, damit wir uns nie mit dir verwechseln, selbst nicht in der Stunde, da du uns nahe bist, sondern wenigstens an unserem Hunger merken, daß wir arme und unwichtige Geschöpfe sind;

befreie uns von unserer Schuld, und behüte uns in der Versuchung von der Schuld und Anfechtung, die eigentlich nur eine ist: nicht zu glauben an dich und an die Unbegreiflichkeit deiner Liebe;

sondern erlöse uns – erlöse uns von uns selbst, erlöse uns in dich hinein, erlöse uns in deine Freiheit und in dein Leben.

Karl Rahner (1904–1984) gilt als einer der bedeutendsten Theologen des 20. Jahrhunderts. Neben seiner umfangreichen wissenschaftlichen Tätigkeit verfaßte der Jesuitenpater auch Bücher für das christliche Leben, darunter das Werk „Von der Not und dem Segen des Gebets", aus dem dieser Text entnommen ist.

Klemens Tilmann

Vater des Lichtes, des Lebens und aller Wesen, Vater der Engel, der Heiligen und Gerechten, Vater aller Menschen. Vater des Wildes und allen Getiers, Vater auch der stummen und leblosen Geschöpfe. Vater des vor allem Dasein einzigen, wahren und ewigen Sohnes Jesus Christus, der uns zu einem Volk und einer Kindschaft verbunden hat. Mit seinem Munde, mit seinen Worten und in seinem Geiste erheben wir unser Gebet zu dir:

Vater unser, der du bist im Himmel
Nah bist du uns und gut, und doch wohnst du im unzugänglichen Lichte deiner majestätischen Heiligkeit. Makellos ist sie, unantastbar und vom inneren Leuchten deiner heiligen Gottheit lodernd. So bitten wir dich um deiner Ehre willen:

Geheiligt werde dein Name
Geheiligt, geehrt und angebetet von allen Geschöpfen. Geheiligt im Gehorsam, geheiligt in der Liebe, geheiligt im Bekenntnis, daß nur

einer gut ist, du, Herr. Geheiligt von deiner heiligen Kirche, der du die Ehre deines Namens anvertraut hast und dein Lob und die Anbetung deiner Herrlichkeit im Geiste und in der Wahrheit.

Zu uns komme dein Reich
Zu uns komme die Wahrheit und die Erkenntnis, daß allein du würdig bist, alle Macht zu besitzen und Gott zu sein. Zu uns komme deine Herrschaft, über uns der Glaube an dich, die Unterwerfung und Anbetung. Zu uns komme deine Gnade und die Liebe, die Gemeinschaft und der Friede. Zu uns komme dein Heiliger Geist mit seiner Innigkeit und Güte. Zu uns komme dein Sohn, zu vollenden die Welt, zu vollenden die Erlösung und alles deiner Herrschaft zu unterwerfen, auf daß du alles in allem seiest.

Dein Wille geschehe, wie im Himmel, also auch auf Erden
Dein Wille ist der bessere. Ja, wie der Himmel über der Erde ist, so ist deine Weisheit über unserer Weisheit und sind deine Wege über unsern Wegen. Dein Wille geschehe, wie und wann und wo es dir gefällt.

Denn dein Wille ist Heil, Rettung und Erbarmen, ob du schlägst oder schützest, richtest oder heilst. Nimm dir unsere Freiheit, wir geben sie dir, daß du waltest, frei aus der Weisheit deines göttlichen Ratschlusses. Dein Wille geschehe aber auch *durch* uns. Auf deinen Willen wollen wir hören, wie deine Engel es tun, ihn wollen wir ergreifen, ihn wollen wir künden, ihn wollen wir verteidigen, für ihn wollen wir uns einsetzen, kämpfend, siegend in deiner Kraft. Dein Wille geschehe, der Wahrheit ist und Gerechtigkeit, Gutsein und Liebe. Dein Wille sei uns Speise, Weg und Ziel. Dein Wille sei unsere Sehnsucht und unsere Erfüllung.

Unser tägliches Brot gib uns heute
Denn unser Leib ist von der Erde genommen und bedarf der Nahrung, die du uns schenkst. Wie sollten deine Geschöpfe leben, wenn du nicht als der Spender der Speise und alles Guten ständig ihr Leben erhieltest? Preis sei dir für das Brot und jegliche Nahrung, die auf unserm Tisch steht! Lehre uns, sie denen zu geben, die ihrer bedürfen. Sättige die Hungrigen. Gib uns allen das tägliche Brot für Leib und Seele.

Und vergib uns unsere Schuld
Gibt es eine ernstere Bitte für das Heil der Seele, wenn wir begriffen haben, daß du heilig bist? O wallendes Gutsein, wie entleert ist unser Leben vor dir!
O überfließende, nie versiegende Liebe, wie können wir neben dir bestehen? Und wenn wir gar unsrer Sünden gedenken, wer könnte da bestehen? Erbarme dich unser, o Herr, nach deiner großen Barmherzigkeit, wie auch wir uns erbarmen wollen.

Wie auch wir vergeben unsern Schuldigern
Denn da wir verurteilt, entrechtet, arm und nur von deiner Barmherzigkeit lebend nichts haben, was wir von uns aus dir vorweisen könnten, so muß wenigstens dieses Zeichen des Begreifens und der Dankbarkeit vor dir sichtbar werden, daß wir das Erbarmen, mit dem du uns bedacht hast, weitergeben an die Brüder. Lehre uns, von Herzen zu verzeihen.

Und führe uns nicht in Versuchung
Ja, so müssen wir bitten, auch wenn wir deine Barmherzigkeit erhalten haben, von dir aufgenommen, deine Kinder geworden und in deiner Liebe geborgen sind. Denn keiner, der

von dir gerufen ist, darf sagen, er sei schon gerettet. Führe uns nicht in die Versuchung, der dein Apostel Petrus erlegen ist und in der Judas zum Verräter wurde. Führe uns nicht in Versuchung durch ein Übermaß von Glück oder ein Übermaß von Schmerz, für die unser ungeläutertes und wankelmütiges Herz zu schwach ist.

Sondern erlöse uns von dem Übel
Von den Übeln des Leibes und der Seele, von allem Übel in Kirche, Familie, Volk. Erlöse uns von dem Übel, so weit es in dieser darniederliegenden Welt möglich ist. Erlöse uns einmal von allem Übel in einem guten Tode. Erlöse uns vor allem in der heiligen Wiederkunft deines Sohnes, wenn die Welt gerichtet, der Satan verworfen, das Böse getilgt wird, wenn alles Gute erblüht, wenn die Schätze der Völker in deine heilige Stadt getragen werden, wenn du jede Träne abtrocknen wirst und es keine Trauer noch Leid, noch Schmerz geben wird. Wenn du alles unter deine seligmachende Herrschaft nimmst und unser überaus großer Lohn sein wirst.

Amen. Ja, so soll es sein. Amen.

Klaus Hemmerle

Aus einem Brief an junge Leute, Ostern 1981

Ich habe Erfahrungen von jungen Leuten gesammelt, und dann habe ich festgestellt: Das hat etwas mit einem Gebet zu tun, das Ihr alle kennt, mit dem Vaterunser.
Probiert mal, das Vaterunser der Freundschaft mit Jesus zu beten.
Und so sieht das aus:

Vater unser im Himmel,
geheiligt werde dein Name.
Jesus hat uns gesagt, wie Gott ist und wer Gott ist. Gott ist Liebe, Gott ist Vater. Vielleicht fangen wir wenig damit an, vielleicht sind wir sprachlos und stumm vor Gott. Aber wir dürfen zu Jesus gehen, zusehen, wie er lebt, wie er liebt und betet. Dann entdecken wir: Er ist der Weg. Wer ihn sieht, sieht den Vater. Wir lernen beten: Dazu brauchen wir Treffpunkte und Treffzeiten. Wir vereinbaren sie mit ihm und halten uns an die Verabredung. Der Freund Jesu betet.

Dein Reich komme.
Jesus sagt uns, wie die Zukunft ist. Sie ist nicht das Schlaraffenland; sie ist nicht ein Konzentrationslager; sie ist nicht eine Fabrik, in der wir „funktionieren“ müssen. Sie ist Hochzeitsmahl, Neue Stadt, Fest. Sie ist das Reich Gottes, er selbst ist in der Mitte, und alle sind in ihm Freunde. Dieses Reich wächst schon jetzt, wo wir miteinander die Freundschaft mit Jesus leben, wo er in unserer Mitte ist. Wir suchen Freunde und finden Freunde, die mit uns leben. Der Freund Jesu pflegt Gemeinschaft.

Dein Wille geschehe wie im Himmel so auf Erden.
Jesus sagt uns, wie das Leben geht: nicht nach Zufall und nicht nach Laune, sondern nach dem persönlichen Willen des Gottes, der uns liebt. Wir können diesen Willen erkennen und tun. Denn Jesus sagt uns sein Wort. Sein Wort will Fleisch werden, will Leben werden in uns. Wer nach seinem Wort lebt, lebt anders, lebt freier. Es gibt da verschiedene Wege. Einer davon geht so: Man nimmt mit anderen ein Wort, lebt es einen Tag, eine Woche oder einen Monat lang und tauscht seine Erfahrungen darüber aus. Ob man es so ver-

sucht oder auf eine andere Art und Weise, eines ist notwendig: Der Freund Jesu lebt sein Wort.

Unser tägliches Brot gib uns heute.
Jesus befreit uns von der Tyrannei des Habens und Genießens. Brot für heute – nur darum sollten wir bitten. Er gibt uns so eine neue Freiheit von den Dingen für die Dinge. Er preist die Armen selig, er will, daß wir geben und teilen. Gerade heute brauchen wir einen neuen Lebensstil, damit unsere Gesellschaft nicht innerlich kaputtgeht und damit die Menschheitsfamilie menschenwürdige Lebensbedingungen findet. Der Freund Jesu teilt Jesu Lebensstil.

Vergib uns unsere Schuld,
wie auch wir vergeben unsern Schuldigern.
Jesus ist Realist, er weiß um unsere Schwäche. Er verurteilt uns nicht, er sagt aber auch nicht: Es ist egal, wie du lebst. Er ruft uns zur Buße, zur Umkehr, zum immer neuen Anfang. Er vergibt uns und lehrt uns, den anderen zu vergeben. Freundschaft mit ihm versandet, wenn wir nicht immer neu umkehren. Das müssen wir persönlich jeden Tag tun.

Wir sollten nie zu Bett gehen, ohne uns mit ihm und mit unseren Nächsten versöhnt zu haben. Aber wir brauchen Hilfe und Begleitung. Ganz konkret: Wir sollten uns einen Priester suchen, mit dem wir von Zeit zu Zeit über unser Leben sprechen und den wir auch immer wieder um die sakramentale Vergebung unserer Sünden bitten. Der Freund Jesu sucht Vergebung und schenkt Vergebung.

Und führe uns nicht in Versuchung.
Das neue Leben geht nicht glatt, nicht ohne Krise. Der Freund Jesu kommt in Bedrängnis, er spürt Gegenwind. Er paßt sich nicht dem Trend an, nicht den Mächten außer ihm, die ihn wegziehen wollen von der Freundschaft mit Jesus, aber auch nicht den Mächten in ihm, die ihn lähmen, schwächen, unklar und unrein werden lassen. Freundschaft mit Jesus hat auch etwas mit unserem Leib zu tun. Wir können ihn nicht verbrauchen und wegwerfen, wie wir mögen. Ringen um die Reinheit ist nicht Krampf, sondern größere Liebe. Der Freund Jesu kennt das Kreuz, er schwimmt gegen den Strom.

Sondern erlöse uns von dem Bösen.
Erst wenn Jesus wiederkommt und das Reich Gottes vollendet, werden Sünde, Elend und Tod überwunden sein. Aber schon jetzt wirkt in uns seine befreiende, erlösende Macht. Jesus ist deswegen zu den Menschen hingegangen, die unter der Macht des Bösen gefangen waren. Er war der Freund der Sünder, der Kranken, der Schwachen, der Menschen am Rand. Sein Beispiel verpflichtet. Wer uns begegnet, soll etwas von der erlösenden, helfenden Nähe Jesu erfahren. Was wir dem Geringsten unserer Brüder getan haben, haben wir ihm getan. Wir fragen uns: Wo ruft uns heute Jesus in unserem Nächsten an? Der Freund Jesu ist Diener und Helfer aller, vor allem der Menschen am Rand.

Denn dein ist das Reich und die Kraft
und die Herrlichkeit in Ewigkeit.
Jesus zeigt uns, wie wir leben sollen und leben können. So, daß Gott, seine Kraft, seine Herrlichkeit in unserem Leben aufgehen, so, daß Gott etwas mit uns anfangen kann für seine Welt. Darum ist es nicht egal, was aus unserem Leben wird. Wir schlittern nicht durch Zufall in diese oder jene Laufbahn, in

diesen oder jenen Beruf, in diesen oder jenen Lebensstand hinein. Wir sprechen darüber mit Jesus, hören auf ihn und haben dann den Mut, Konsequenzen zu ziehen. Wir fragen uns: Wohin ruft Jesus mich? In eine christliche Ehe oder in die Ehelosigkeit um Jesu willen? In einen Beruf, der seinen Schwerpunkt im Aufbau der Gesellschaft oder im Aufbau der Kirche hat? Soll ich als Priester oder als Laie, als Weltchrist oder als Ordenschrist ihm dienen? Wir fragen nicht in erster Linie nach dem, was „attraktiv" ist, sondern danach, wo Jesus uns haben will. Der Freund Jesu fragt nach seiner Berufung und lebt aus seiner Berufung. ...

Ich habe schon angefangen, täglich auf diese neue Weise das Vaterunser zu beten. Für Euch, hoffentlich bald auch mit Euch.

Auf derselben Spur
Euer Bischof Klaus

Ein Jahr später, im Juli 1982, schrieb Bischof Klaus Hemmerle an die jungen Leute, die ihm auf seinen Osterbrief geantwortet haben, ein „Vaterunser der Selbstannahme":

Vater unseres Freundes Jesus, Vater unser im Himmel.
Weil dein Name heilig ist, glaube ich, daß auch mein Name dir heilig ist. Ich bin bereit, weil du mich liebst, mich nicht wegzuwerfen, mich nicht zu verachten, sondern ja zu mir zu sagen.
Weil dein Reich kommt, glaube ich, daß auch ich Zukunft habe, daß auch wir Zukunft haben. Ich bin bereit, über Fragen und Ängste hinweg Zukunft zu wagen, Zukunft anzunehmen.
Weil dein Wille gut ist, glaube ich, daß es nicht sinnlos ist, das Gute zu wollen. Ich bin bereit, die Dinge nicht treiben zu lassen, sondern die Schritte zu tun, die deinem Willen entsprechen. Auf dein Wort hin! So kann ich ja sagen auch zu dieser Erde, zu dieser Stunde der Geschichte.
Weil du mir Brot gibst für heute, glaube ich, daß ich mit dem leben kann, was ich habe. Ich bin bereit, mit meinen Möglichkeiten, wie eng

und unsicher sie auch sind, dazusein für andere, damit alle dein Brot haben.
Weil du mir vergibst und mich vergeben heißt, glaube ich, daß deine Liebe auch in mir Anklage und Aggression überwinden und verwandeln kann. Ich bin bereit, neu anzufangen.
Weil du in Versuchung und Bedrängnis mich nicht fallenläßt, glaube ich, daß alles gut werden kann. Ich bin bereit, nicht vor den Widerständen zu kapitulieren und nicht zu sagen, es sei unzumutbar, was du mir zumutest. Du in mir kannst, was ich nicht kann.
Weil du Erlösung von allem Bösen verheißt, glaube ich, daß mein winziges Gutsein, mein bescheidener Dienst nicht umsonst sind. Ich bin bereit, Stützpunkt der Hoffnung zu sein für andere.
Denn dein ist das Reich und die Kraft und die Herrlichkeit – ganz groß und klar in Ewigkeit, aber hier und jetzt wirkt deine Kraft in meiner Schwäche. Amen.

Klaus Hemmerle (1929–1994) war nach Lehrtätigkeit in Bonn, Bochum und Freiburg seit 1975 Bischof von Aachen.

Mutter Teresa

Jesus lehrte seine Jünger beten:
Nennt Gott euren Vater;
lobt und verherrlicht seinen Namen.
Tut seinen Willen
wie die Heiligen im Himmel;
bittet um das tägliche Brot,
das geistliche wie das irdische;
bittet um Vergebung eurer Sünden und
darum, daß ihr den anderen vergeben könnt;
bittet auch um die Gnade,
nicht in Versuchung zu geraten,
und schließlich um die Befreiung vom Bösen,
das in uns ist und uns umgibt.

Mutter Teresa, 1910 in Skopje geboren, wurde für ihren unermüdlichen Einsatz für die Ärmsten der Armen 1979 mit dem Friedensnobelpreis geehrt. Die Gründerin der „Missionarinnen der Nächstenliebe" starb 1997.

Heinz Schürmann

Du unser lieber Vater,
Erhabener:
Groß sollst du sein, Gott alles in allem!
(Darum haben wir nur einen Wunsch:)
Komm bald, und mach alles neu,
und herrsche überall und für immer.
(In Erwartung dessen bitten wir dich:)
Gib zu leben denen, die dir dienen;
und vergib, wir haben schwer
und viel gesündigt, –
doch sieh: mit unseren Brüdern
haben wir uns ausgesöhnt;
und laß uns nicht zu Fall kommen,
sondern halte uns vom Satan fern.

Heinz Schürmann, 1913 in Bochum geboren, war von 1951 bis 1978 Professor für neutestamentliche Exegese in Erfurt. Sein Werk über „Das Gebet des Herrn" gehört zu den wichtigsten Studien über das Vaterunser.

Aus Brasilien

Vater unser!
Wenn du im Himmel bist
und dein Name heilig ist,
warum geschieht dann nicht dein Wille,
auf der Erde wie im Himmel?

Warum gibst du nicht allen
ihr tägliches Brot?

Warum vergibst du uns nicht unsere Fehler,
damit wir unsere Klagen vergessen?
Warum fallen wir noch in die Versuchung
zu hassen?

Wenn du im Himmel bist, unser Vater,
warum befreist du uns nicht von dem Bösen,
damit wir dann sagen: Amen?

Aus Nicaragua

Unser Vater,
der du bist in unserem Land,
gepriesen sei dein Name
durch unser unaufhörliches Streben
nach Gerechtigkeit und Frieden.
Dein Reich komme
für alle, die Jahrhunderte gewartet haben
auf ein Leben mit Würde.
Dein Wille geschehe wie im Himmel
auch in der Kirche von Mittelamerika,
einer Kirche auf seiten der Armen.
Unser tägliches Brot gib uns heute,
damit wir eine neue Gesellschaft bauen.
Vergib uns unsere Schuld,
und führe uns nicht in die Versuchung,
uns bereits jetzt für neue Menschen zu halten.
Und erlöse uns von dem Bösen,
vom Übel des Krieges
und von dem Übel zu vergessen,
daß unser Leben und das Leben
dieses Landes in deinen Händen liegt.

Ernesto Cardenal

Vater unser,
Vater aller Menschen, die wir Brüder sind.
Hilf, daß dein wirklicher Name, der
Liebe heißt,
uns allen vertraut werde.
Hilf, daß unter uns das Reich der
Gerechtigkeit und Liebe erschaffen werde,
das einige den
vollendeten Sozialismus nennen.
Dein Wille, der Liebe ist,
der sich im Kosmos vollzieht,
geschehe auch auf der Erde.
Hilf, daß alle Menschen auf dieser Erde
gesättigt werden.
Wir bitten dich, vergiß unsere Lieblosigkeit,
damit wir uns
unsere Lieblosigkeiten verzeihen.
Auf daß wir nicht in die Versuchung kom-
men, zur Vergangenheit zurückzukehren,
zu Entwicklungsstufen, die wir schon
überwunden haben.
Und befreie uns vom Übel aller
Unterdrückung. Amen.

Gerhard Lohfink

Vater unser im Himmel, wir sind deine Jüngergemeinde, dein Volk; deshalb dürfen wir es wagen, dich als unseren *abba,* unseren lieben Vater anzureden.

Offenbare dich vor allen Völkern als den großen, heiligen Gott. Sammle dein Volk und mache es zum wahren Gottesvolk, damit dein Name vor der ganzen Welt geheiligt wird.

Laß deine Königsherrschaft anbrechen, damit endlich die Herrschaft von Menschen über Menschen aufhört und du allein unser Herr bist. Dein Reich komme.

Bring deinen Plan zu Ende, den Traum, den du schon immer geträumt hast von einer wahrhaft menschlichen Welt, von einer Welt voll Glück und Schönheit, von einer neuen Gesellschaft, die in deiner Kirche Gestalt gewinnt. Das ist seit Ewigkeit dein Plan, das ist dein Wille; laß deinen Willen geschehen.

Weil du unser lieber Vater bist, bitten wir dich: Gib uns heute so viel, wie wir zum Leben brauchen. Unsere erste Sorge soll dein Reich sein. Es soll uns so erfüllen, daß wir gar keine Zeit haben, zu planen, zu sorgen und ständig an uns selbst und an das Morgen zu denken. Sorge du für uns. Gib uns heute, für den einen Tag, unser Brot.

Wir bitten dich aber auch: Vergib uns unsere Schuld. Wir können das, was wir dir schuldig geblieben sind und ständig schuldig bleiben, ja niemals bezahlen. Erlaß uns all unsere Schuld. Du bist doch unser Vater. Wir sind uns bewußt, daß wir eine solche Bitte gar nicht aussprechen dürfen, wenn nicht auch wir unseren Brüdern und Schwestern alle Schuld, die sie bei uns haben, sofort und vollständig erlassen.

Gerade weil dein Reich mitten in unserer armseligen Geschichte anbrechen soll, droht auch die Versuchung: die Versuchung des Abfalls; die Versuchung, unsere Jüngerschaft aufzugeben; die Versuchung, die Menschen für unverbesserlich, die Welt für unveränderbar und die jetzigen Zustände eigentlich für ganz gut zu halten; die Versuchung, an deiner Kirche zu verzweifeln und an deinen Plan mit der Welt nicht mehr zu glauben. Mach, daß diese Versuchung uns nicht überwältigt. Laß uns ihr nicht erliegen, sondern reiß uns heraus aus der tödlichen Macht des Bösen.

Denn dein ist das Reich und die Kraft und die Herrlichkeit in Ewigkeit. Amen.

Gerhard Lohfink, Jahrgang 1934, gab 1986 seinen Lehrstuhl für neutestamentliche Exegese in Tübingen auf, um in der Katholischen Integrierten Gemeinde zu leben und zu arbeiten.

Stimmen zum Gebet des Herrn

Ein unvergleichliches Gebet

Tertullian:
Das Gebet des Herrn ist die Zusammenfassung des ganzen Evangeliums.

Hugo von Hofmannsthal:
Es gibt Verbindungen von Wörtern, die man nicht vergißt; wer vergißt das Vaterunser?

Teresa von Avila:
Welch erhabene Vollkommenheit liegt in diesem Gebet! Wie sehr erkennt man darin die göttliche Weisheit dessen, der es verfaßt hat! Wie dankbar müssen wir dafür sein! Es reißt mich zur Bewunderung hin, wie es in so wenigen Worten alles enthält, was zur Vollkommenheit und Beschauung gehört.

Martin Luther:
Weil dieses Gebet von unserem Herrn stammt, wird es ohne Zweifel das höchste, edelste und beste Gebet sein; denn hätte er ein besseres gewußt, der rechtschaffene, treue Lehrer, so würde er es uns auch gelehrt haben.

Paul Wilhelm von Keppler:
Das ist wie ein siebenfarbiger Regenbogen, der die Bücke schlägt von der Erde zum Himmel. Es ist wie ein Saitenspiel, das wunderbare Melodien einflicht ins Werktagsleben und in die Sonntagsfeier der Menschheit.

Matthias Claudius:
Das Vaterunser ist ein für allemal das beste Gebet, denn du weißt, wer's gemacht hat. Aber kein Mensch auf Gottes Erdboden kann's so nachbeten, wie der's gemeint hat; wir krüppeln es nur von ferne, einer noch immer armseliger als der andere. Das schad't aber nicht, wenn wir's nur gut meinen; der liebe Gott muß so immer das Beste tun, und der weiß, wie's sein soll.

Chiara Lubich:
Im Vaterunser offenbart sich Jesus als Gott und Mensch. Als Gott stellt er sich auf die Seite des Vaters und läßt uns um die Heiligung seines Namens bitten, um das Kommen seines Reiches und um die Erfüllung seines Willens. Als Mensch stellt er sich als unser Bruder auf unsere Seite; er lehrt uns, um das tägliche Brot zu bitten, um die Vergebung der Sünden und um die Erlösung vom Bösen. Die ersten Bitten offenbaren das Herz Gottes, die anderen, was jedes Menschenherz braucht.

Romano Guardini:
Die Worte sind schlicht, die Sätze kurz, und was es meint, liegt klar und groß zutage. So einfach ist Jesu Gebet, daß wir gar nicht merken, wie tief es ist. So wie die reine Luft ist es und der weite Himmel droben, wie Sonne und Berg und Ebene; ganz selbstverständlich kommt es uns vor, weil es so natürlich, so wahr, so ganz göttlich ist.

Jean Guitton:
Das Vaterunser gleicht in seiner Einfachheit, seiner Tiefe, seiner Menschlichkeit, seiner Sicherheit keinem anderen Gebet. Die größten Weisen finden darin immer neue Erleuchtungen, die Einfachen verstehen es ohne Studium.

Matthias Claudius:
Je länger man das Vaterunser betet, je mehr sieht man ein, wie wenig man es versteht, und wie wert es ist, verstanden und bedacht zu werden, um unbekannten Schätzen auf die Spur zu kommen.

Charles de Foucauld:
Vater unser, Vater unser, könnte ich doch leben und sterben mit dem Wort: Vater unser, und durch meine Dankbarkeit, meine Liebe, meinen Gehorsam in Wahrheit dein treuer Sohn sein, ein Sohn, der deinem Herzen gefällt.

Tertullian:
Wie wunderbar hat die göttliche Weisheit die Aufeinanderfolge in dem Gebet geordnet! Nach den himmlischen Dingen, dem Namen Gottes, dem Willen Gottes und dem Reich Gottes, gibt sie auch den Bitten um irdische Bedürfnisse Raum.

Mutter Teresa:
Die Apostel baten Jesus: Lehre uns beten! Er lehrte sie ein herrliches Gebet: das Vaterunser. Ich stelle mir vor, wie Gott jedesmal, wenn wir das Vaterunser beten, auf uns schaut. „Seht, wie der Ton in der Hand des Töpfers, so seid ihr in meiner Hand" (Jer 18,6). Wir sind in seinen Händen, mit denen er uns geformt hat, und er schaut uns an. Wie wunderbar ist doch die zärtliche Liebe unseres großen Gottes!

Verwandelnde Kraft

Augustinus:
Das glückselige Leben muß man vom Herrn erflehen. Was das glückliche Leben ist, haben schon viele auf vielerlei Weise erörtert. Doch weshalb sollen wir uns bei allen möglichen Menschen erkundigen? Kurz und treffend heißt es in der Heiligen Schrift: „Glücklich das Volk, dessen Gott der Herr ist“ (Ps 144,15). Damit wir zu seinem Volk gehören, damit wir zu seiner Anschauung gelangen und mit ihm ohne Ende leben können, verlangt der Apostel: „Liebe aus reinem Herzen, gutem Gewissen und ungeheucheltem Glauben“ (1 Tim 1,5). In diesen drei Bezeichnungen steht das gute Gewissen für die Hoffnung. Glaube, Hoffnung und Liebe führen also den Beter, das heißt denjenigen, der glaubt, hofft, liebt und der erwägt, was er im Herrengebet erbittet, zu Gott.

Thomas von Aquin:
Im Gebet des Herrn wird nicht nur um alles gebeten, wonach wir in richtiger Weise verlangen können, sondern auch in derjenigen Reihenfolge, in der wir danach verlangen sollen; so lehrt uns dieses Gebet nicht bloß bitten, sondern formt auch unser ganzes Gemüt.

Helder Camara:
Die Welt sähe erheblich anders aus, wenn jeder von uns ein bißchen weniger ungerecht wäre und wenn uns das Vaterunser nicht so mechanisch über die Lippen käme, sondern ein nachvollzogenes, von Herzen kommendes und ehrliches Gebet wäre, das den Vater anspricht, der sowohl im Himmel als auch in uns selbst wohnt.

Simone Weil:
Es ist unmöglich, das Vaterunser zu sprechen und dabei auf jedes Wort die ganze Aufmerksamkeit zu richten, ohne daß in der Seele eine vielleicht unendlich kleine, aber tatsächliche Veränderung bewirkt wird.

Vertrauen dürfen

Augustinus:
Wenn wir sprechen: „Vater unser", erfüllt uns fast die Gewißheit, daß wir erhalten, worum wir bitten. Denn noch bevor wir genau unseren Wunsch formulieren, wurde uns eine große Gabe zuteil: Wir dürfen Gott unseren Vater nennen. Was kann er denn seinen Kindern verweigern, wenn er ihnen zuvor schon die Gnade gegeben hat, seine Kinder zu sein?

Cyprian:
Christus hat uns die Worte geschenkt, die wir für unser Beten gebrauchen sollen. Er selbst hat uns belehrt, um was wir bitten sollen. ... Wir werden um so leichter erhört werden, wenn wir mit den Gebetsbitten zum Vater sprechen, die der Sohn gelehrt hat.

Petrus Chrysologus:
Gott selbst, den du anrufen sollst, hat dir das Thema deines Betens, den Inhalt deiner Bitten und die Richtschnur deines demütigen Flehens geschenkt. Schöpfe daraus den Geist des Gebetes, eigne dir das Verständnis der Bitten an, nimm daher das Maß deines Verlangens. In dieser dichten Unterweisung kannst du eine umfassende Kenntnis des Gebets erlangen. Außerdem hat der Herr selbst als Beweis der Liebe das Amt eines Fürsprechers übernommen. Die Bitte, die er erhören will, hat er dir in den Mund gelegt. Es gibt daher keinen Grund, zu zögern und nicht zu bitten. Du darfst sicher sein, erhört zu werden, weil der Gebetene sein eigenes Wort in der Bitte wiederfindet. Darum gibt es auch keine Furcht mehr. Denn der Sohn erbittet vom Vater, so wie es die Liebe ihm eingibt, nur das, was heilig ist.

All unsere Bitten in einem Gebet

Tertullian:
Als der Herr uns diese Gebetsformel gegeben hatte, fügte er hinzu: „Bittet, dann wird euch gegeben“ (Lk 11,9). Jeder kann also seinen Bedürfnissen entsprechend verschiedene Gebete an den Himmel richten; er soll jedoch stets mit dem Gebet des Herrn beginnen. Denn dieses bleibt das Grundgebet.

Augustinus:
Geh den Wortlaut aller Gebete durch, die sich in der Heiligen Schrift finden. Ich glaube, du wirst nichts finden, was nicht im Vaterunser enthalten wäre.

Simone Weil:
Dieses Gebet enthält alle je möglichen Bitten. Man kann kein Gebet ersinnen, das nicht schon darin beschlossen wäre.

Thomas von Aquin:
Im Herrengebet ist alles enthalten, wonach man sich sehnen, und alles, wovor man fliehen soll.

Johannes vom Kreuz:
Als die Jünger Jesus baten, er möge sie das Beten lehren, hätte er ihnen sicher vieles sagen können, auf daß der Vater uns erhöre, dessen Wesen Jesus doch so gut kannte. Er aber lehrte sie nur die sieben Bitten des Vaterunser. Darin sind alle unsere geistlichen und zeitlichen Bedürfnisse eingeschlossen. Und er fügte keine weiteren Worte und Gebärden hinzu. Vielmehr sagte er ihnen an anderer Stelle, sie sollen beim Beten nicht viele Worte machen, da der himmlische Vater weiß, was wir brauchen. Er trug nur dringend auf, im Gebet zu verharren, nämlich im Beten des Vaterunser.

Johannes Paul II.:
Als die Jünger den Herrn baten: „Lehre uns beten", sprach er das Vaterunser und schuf damit ein konkretes und zugleich allgemeingültiges Modell. In der Tat ist alles, was man dem Vater sagen kann und soll, in diesen sieben Bitten enthalten, die wir alle auswendig kennen. Sie sind so einfach, daß auch ein Kind sie lernt, und zugleich so tief, daß man ein ganzes Leben damit verbringen kann, über den Sinn jeder einzelnen Bitte nachzudenken.

Wofür wir leben

Klaus Hemmerle:
Wofür wir leben?
Für den Vater, für seinen heiligen Namen – und darum für den guten Namen all derer, die er aus Liebe erschaffen hat, damit sie seine Söhne und Töchter seien, seinen Namen erben.
Für sein Reich, das kommen wird und das schon jetzt anbricht, wo wir nicht angsthaft um *unsere* Zukunft, sondern um *Gottes* Zukunft für alle besorgt sind.
Für seinen Willen, der allein unseren eigenen Willen heilt und erfüllt, frei macht für sich und stark macht, das Gute für alle zu wollen.
Für unser Heute und aller Morgen, für das Brot, das er uns gibt, damit wir es teilen.
Für Friede und Versöhnung, für gegenseitige Vergebung und immer neuen Anfang.
Für die Treue, für die Überwindung aller Bedrängnis und Versuchung in der Kraft, die Gott uns gibt, im Zeichen des Kreuzes seines Sohnes.

Für Erlösung und Befreiung, die nicht unser Werk sind, sondern unsere Hoffnung, Hoffnung aber, die uns fähig macht zur Tat und zum Dienst.
Leben für den, der für uns ist, der für alle ist. Und wenn Gott selber für uns ist, wer ist dann gegen uns?

Miteinander und füreinander

Helmut Thielicke:
Im Vaterunser schließen wir uns alle zur Gemeinschaft zusammen. Wir sagen ja „Unser Vater!". An sich sind wir ja alle sehr verschieden, die wir dieses Gebet miteinander sprechen. Wir sind alte und junge, reiche und arme, gebildete und schlichte Menschen, wir gehören allen Rassen und allen Zeiten der Erde an. Aber quer durch alle diese Unterschiede hindurch geht eine einzige Gemeinsamkeit: Wir sind alle Kinder unseres Vaters im Himmel. Auf ihn sind wir geworfen vom Mutterleib an (vgl. Ps 22,11). In dieser Kinderschar ist nun noch eine andere Stimme hörbar: die Stimme dessen, der uns seine Brüder genannt und der uns den Vater wiedergeschenkt hat, so daß wir nun „*mein* Vater", „*unser* Vater" sagen dürfen. *Jesus betet mit.* Wenn wir schwach oder müde oder dumm beten, so hebt er unsere schwachen oder müden Worte mit seinen Händen auf, und in diesen Händen und in seinem Mund werden sie zu einem rechten Gebet.

Oscar Cullmann:
Das Vaterunser kann vom einzelnen Jünger gebetet werden, nicht als ob es alle selbständigen und individuellen Gebete ausschließen oder ersetzen sollte, sondern als Vorbild und Ansporn für diese, und wenn kein eigenes formuliert werden kann, auch als Möglichkeit zum Selbstsprechen. Aber Jesus teilt es den Jüngern besonders mit, damit sie es in ihrer Gemeinschaft – vielleicht auch *mit* ihm – nicht als Liturgie, wohl aber gemeinsam beten sollten. Wenn für ihn das Gebetsziel die Vereinigung mit Gott ist und es Gottes Wille ist, daß zu ihm gebetet werde, so kann das Streben nach diesem Ziel dort, „wo zwei oder drei versammelt sind", sozusagen verstärkt und erleichtert werden. Gemeinschaftsgebet ist es schon bald in der Urgemeinde geworden, was sowohl die alte Gebetsammlung der Didache als auch Anklänge in den Paulusbriefen und im Johannesevangelium beweisen, und es ist mit Recht bis heute *das* Kirchengebet in allen christlichen Kirchen geblieben.

Pinchas Lapide:
Für einen Rabbiner zur Zeit Jesu, der seine Schüler um sich geschart hatte, war es wohl ziemlich selbstverständlich, seinen Jüngerkreis ein eigenes Gebet zu lehren. Das hat auch Johannes der Täufer getan, wie im Lukasevangelium berichtet wird, wo es heißt, ein Apostel habe zu Jesus gesagt: „Lehre uns beten, wie auch Johannes seine Jünger gelehrt hat.“ Daraufhin sprach Jesus das Vaterunser. Sieht man es in dieser Tradition, so bedeutet das nicht, ihm seine Einzigartigkeit zu nehmen. In eine Reihe gestellt mit anderen kurzen Gebeten, hat das Vaterunser nicht viele seinesgleichen in der Liturgie des Judentums, was Logik, Kürze und Frömmigkeit betrifft. In auffallend knappen Worten welche Fülle und Kraft! Es ist ein Meisterwerk an sachlicher Gläubigkeit und gelassener Zuversicht.
...
Das Vaterunser bringt in klassischer Kürze den Kern dessen, was dem jüdischen und dem christlichen Glauben gemeinsam ist. Als Brüder und Schwestern unter Gott können – nein, sollten! – wir gemeinsam unser Gebet mit den Worten beginnen: „Alwinu sche-ba-Schamájim ... Unser Vater im Himmel“.

Augustinus:
Dieses Gebet soll für uns, für unsere Angehörigen, für Fremde, ja sogar für die Feinde verrichtet werden.

Helmut Thielicke:
Das Vaterunser ist wahrlich das Gebet, das die Welt umspannt: die Welt mit den alltäglichen Bagatellen und den „welthistorischen Perspektiven"; die Welt mit den Stunden des Glücks und den abgründigen Qualen; die Welt mit ihren Bürgern und ihren Soldaten; die Welt mit „des Dienstes immer gleichgestellter Uhr" und mit den schrecklichen Ausnahmezuständen ihrer Katastrophen; die Welt der unbeschwerten Kinder und doch zugleich der Probleme, an denen Männer zerbrechen können. Die ganze Welt ruht – wie jene vergoldete Kugel auf den mittelalterlichen Bildern – in der Hand des Herrn. Und sie ruht auch in unserer Hand, wenn wir sie betend zu Gott erheben.

Quellennachweis

Ein Gebet – sieben Bitten

Augustinus, De serm. Domini in monte, 2,5,17: S. 20.
Augustinus, Ep. 130, 21: S. 21, 25, 31, 37, 42, 48, 51.
Augustinus, Serm. 56; 57,7: S. 38.
Augustinus, 2. Predigt über das Vaterunser an Taufbewerber: S. 18, 22, 33, 38, 43.
Benedikt von Nursia, Regel, 13: S. 45.
Cyprian, De Dominica oratione, 8: S. 18; 11: S. 17; 13: S. 27; 14: S. 28; 15: S. 30; 18: S. 37; 21: S. 35; 23: S. 40; 27: S. 50.
Cyrill von Alexandrien, In Joannem, 11,7: S. 15.
Cyrill von Jerusalem, Catech. myst. 5,11: S. 20; 5,12: S. 21; 5,16: S. 41; 5,17: S. 48; 5,18: S. 52.
Gregor von Nyssa, Hom. in orationem dominicam, 2: S. 17; 3: S. 23, 25; 4: S. 31, 35, 36; 5: S. 41.
Johannes Cassian, Coll. 9: S. 28, 44, 49.
Johannes Chrysostomus, Hom. in Mt. 19: S. 17, 19, 22, 32, 36, 43, 50; 61,5: S. 42.
Johannes Klimakus, Paradiesleiter, 9. Stufe: S. 45.
Leo der Große, Sermo 26: S. 15.
Maximus der Bekenner, Über das Vaterunser: S. 24, 25.
Origenes, In Matth. tract. 17,36: S. 15.
Origenes, Fragment 73: S. 16.
Origenes, De oratione, 26: S. 28; 29: S. 47.
Petrus Chrysologus, Sermo 67: S. 39; Sermo 70: S. 16, 26, 39, 44, 46, 51; Sermo 71: S. 22, 34, 51.

Tertullian, De oratione, 3: S. 15, 21, 24; 4: S. 29; 7: S. 40; 8: S. 46, 47.
Theodor von Mopsuestia, Kat. Homilie 11,12: S. 29.

Ein Gebet – viele Variationen

S. 55-57: Franz von Assisi, Lobet den Herrn, all seine Werke. Gebete; hrsg. von Wolfgang Bader, (Neue Stadt) München 1997, 28-31; zur Frage der Authentizität s. Hardick, Lothar/Grau, Engelbert: Die Schriften des heiligen Franziskus von Assisi, (Dietrich-Coelde) Werl 1980, 95f.

S. 58f: Zur Gebetspraxis des Bruder Klaus s. Civitas 42 (1987) 224-228; Peter Ochsenbein, Die Vaterunser-Betrachtung im verlorenen „Bettbuoch" des Bruder Klaus, in: Der Geschichtsfreund 140 (1987), 43-80.

S. 60-62: Martin Luther, Vater unser im Himmelreich; in: Evangelisches Gesangbuch, 1993, Nr. 344.

S. 63-71: Teresa von Avila; Auszüge aus: Weg der Vollkommenheit, Kap. 25-42.

S. 74: Dag Hammarskjöld, Zeichen am Weg, (Droemer Knaur) München 1967, 78.

S. 75f: Karl Rahner, Von der Not und dem Segen des Gebetes, (Herder) Freiburg 14. Aufl. 1992, 30.

S. 77-81: Klemens Tilmann, aus: Täglich beten, aber wie, (Paulus) Recklinghausen 1940, 45-48.

S. 82-89: Klaus Hemmerle, in: Karlheinz Collas (Hrsg.), Hirtenbriefe, (Einhard) Aachen 1994, 211-218.

Quellennachweis

S. 90: Mutter Teresa, Gedanken für jeden Tag, (Neue Stadt) München 5. Aufl. 1998, 10.

S. 91: Heinz Schürmann, in: Christ in der Gegenwart, 6/92.

S. 92: Aus: Leonardo Boff, Vaterunser. Das Gebet umfassender Befreiung, (Patmos) Düsseldorf 15. Aufl. 1991.

S. 93: Copyright bei Christian Aid, London.

S. 94: Ernesto Cardenal, in: Stichwort Eine Welt, (Peter Hammer) Wuppertal 16. Aufl. 1980.

S. 95-97: Gerhard Lohfink, in: Christ in der Gegenwart, Mai 1984.

Stimmen zum Gebet des Herrn

Augustinus, Ep. 130, 23-24: S. 106
Cullmann, Oscar: Das Gebet im Neuen Testament, (Mohr) Tübingen 1994, 50f: S. 116.
Cyprian, De Dominica oratione, 2: S. 108
Guitton, Jean: Zwischen den Zeilen des Evangeliums, (Neue Stadt) München 1979, 109f: S. 104.
Hemmerle, Klaus: Das Vaterunser und die Frage nach dem Wofür unseres Lebens; in: Lebendiges Zeugnis, Heft 2, Mai 1981, 33: S. 113f.
Johannes vom Kreuz, Empor den Karmelberg, III, 24,4: S. 111.
Johannes Paul II., Ansprache bei der Generalaudienz am 14. März 1979: S. 112.
Lubich, Chiara: Scritti Spirituali/1, (Città Nuova) Rom 2. Aufl. 1978, 281f: S. 103.

Quellennachweis

Luther, Martin: Deutsche Auslegung des Vaterunsers für die einfältigen Laien, 1519 (WA 2,82): S. 102.
Petrus Chrysologus, Sermo 70: S. 109.
Mutter Teresa, Gedanken für jeden Tag, (Neue Stadt) München 5. Aufl. 1998, 10: S. 105.
Tertullian, De oratione, 1: S. 101; 6: S. 105; 10: S. 110.
Thielicke, Helmut: Das Gebet, das die Welt umspannt. Reden über das Vaterunser aus den Jahren 1944/45, (Quell) Stuttgart 1953, 11: S. 118; 39: S.115.
Thomas von Aquin, s.th.2-2,83,9: S. 107.

Inhalt

Vorwort 5

Ein Gebet – sieben Bitten
Erläuterungen von Christen
aus dem 1. Jahrtausend 13

Ein Gebet – viele Variationen 53

Stimmen zum Gebet des Herrn 99

Quellennachweis 119

In derselben Reihe sind erschienen:

BETEN IN DER FAMILIE
Gebete für Eltern und Kinder
Herausgegeben von Reinhard Abeln
132 Seiten, gebunden, ISBN 3-87996-317-7

DANKE, HERR, FÜR DIESEN TAG
Gebete für den Morgen und den Abend
Herausgegeben von Wilfried Hagemann
132 Seiten, gebunden, ISBN 3-87996-278-2

Marie-Luc Kerremans
SEGNE, VATER, DIESE GABEN
Tischgebete für alle Tage des Jahres
132 Seiten, gebunden, ISBN 3-87996-259-6

SEINE MUTTER – UNSERE SCHWESTER
Mariengebete aus zwei Jahrtausenden
Herausgegeben von Wolfgang Bader
160 Seiten, gebunden, ISBN 3-87996-226-X

DU BIST BEI UNS ALLE TAGE
Gebete für das dritte Lebensalter
Herausgegeben von Reinhard Abeln
136 Seiten, gebunden, ISBN 3-87996-368-1

FÜR DIE EINHEIT IN CHRISTUS
Ein ökumenisches Gebetbuch
Herausgegeben von Paul-Werner Scheele
136 Seiten, gebunden, ISBN 3-87996-342-8

VERLAG NEUE STADT MÜNCHEN · ZÜRICH · WIEN